기본에 충실한

알토란
골프

기본에 충실한 **알토란 골프**

발행일	2016년 2월 3일

지은이	이 의 린		
펴낸이	손 형 국		
펴낸곳	(주)북랩		
편집인	선일영	편집	김향인, 서대종, 권유선, 김성신
디자인	이현수, 신혜림, 윤미리내, 임혜수	제작	박기성, 황동현, 구성우
마케팅	김회란, 박진관, 김아름		
출판등록	2004. 12. 1(제2012-000051호)		
주소	서울시 금천구 가산디지털 1로 168, 우림라이온스밸리 B동 B113, 114호		
홈페이지	www.book.co.kr		
전화번호	(02)2026-5777	팩스	(02)2026-5747

ISBN   979-11-5585-882-0 03690(종이책)   979-11-5585-883-7 05690(전자책)

이 도서의 국립중앙도서관 출판예정도서목록(CIP)은 서지정보유통지원시스템 홈페이지(http://seoji.nl.go.kr)와
국가자료공동목록시스템(http://www.nl.go.kr/kolisnet)에서 이용하실 수 있습니다.
(CIP제어번호 : CIP2016002663)

성공한 사람들은 예외없이 기개가 남다르다고 합니다.
어려움에도 꺾이지 않았던 당신의 의기를 책에 담아보지 않으시렵니까?
책으로 펴내고 싶은 원고를 메일(book@book.co.kr)로 보내주세요.
성공출판의 파트너 북랩이 함께하겠습니다.

이의린 지음

기본에 충실한
알토란
골프

북랩 book Lab

Prologue

머리말

1992년 1월 어느 날 교수, 강사, 조교들이 노교수 댁에 연말파티를 하기 위해 모였다. 윷놀이를 하면서 즐거운 시간을 보내던 중에 선배 교수가 저에게 "이 교수는 미국 어느 학교에서 안식년을 보낼 것인가?"라고 물으면서 그 동안의 계획이 무엇인지도 물었다. 그래서 나는 "논문이라도 한 편 쓸 수 있을까요?"라고 대답하였다. 그때까지의 나의 생각은 모처럼의 해외생활을 선진국에서 하게 되었기 때문에 연구 자료를 수집하여 연구논문 한 편이라도 쓸 작정이었다. 그 말을 듣고 선배교수는 지체 없이 "골프를 해, 골프 하나만 해도 대단한 연구야."라고 말씀하셨다.

미래에 골프가 학생들에게 필요할 것이라고 예상되어 학생들을 인근 골프연습장으로 인솔하여 위탁수업을 다니던 시절이었다. 나의 골프 경험은 학생들이 수업을 끝내고 손 씻고 버스에 타기 전 5분여간의 자투리 시간에 클럽을 몇 번 휘둘러 공을 쳐보는 것이 전부였다. 혹시 실수하는 것을 학생들이 보기라도 할까봐 두려웠던 때였다. 정말 미국에서 1년간 열심히 골프를 하면 학생들 앞에 떳떳이 설 수 있을까? 만약에 그것이 가능하다면 충분히 해볼 만한 가치가 있다고 판단되지만, 여러 종류의 운동을 많이 해본 필자로서는 그것이 불가능하다는 것을 너무나도 잘 안다. 그러나 하다가 못하더라도 한 것만큼은 남을 것이 아닌가? 후회되지 않게 한번 열심히 해보자는 도전 의식이 생겼다. "밑져야 본전이지, 새로운 분야를 경험하는 것인데 그만한 투자도 못해?" 하는 오기 같은 생각이 들었다.

마음을 정하자 골프와 관련된 많은 경험들이 머릿속을 스쳐 지나갔다. 학생들을 인솔하고 골프 연습장에 갔다가 끝날 때쯤에 인근 복지센터 매점에서 음료수를 학생들에게 사주면서 조금이라도 미안함을 보상받으려던 심리. 학생들 수업용으로 하프 셋의 연습클럽을 샀다가, 아무리 생각해도 그것만으로는 부족할 것 같아서 일을 마치고 나머지를 마저 구입하여 풀세트의 클럽을 샀는데, 후에 감사에 지적되고 지적 사항이 교직원들에게 공람되어 창피스러웠던 일(싼값에 매입한 것처럼 값을 분리했다고 오해한 것). 테니스 반바지 차림으로 군 골프장에 입장하려다가 출입이 거부되었던 일(마침

차 트렁크에 긴 바지가 있어서 갈아입고 입장은 했지만). 첫 번째 정규 홀 라운드를 춘천C.C.로 갔다가 103타를 쳐서 핸디캡 25를 받고 준우승상품으로 벽시계를 타온 일. 두 번째 라운드는 덕평C.C.였는데, 골프장이 덕평I.C.에서 그렇게 멀리 떨어져 있는지 예상치 못해서 티오프 시간 직전에야 허겁지겁 겨우 도착해 첫 홀에서 나만 캐디도 골프백이 나오지 않아 당황했던 일. 프런트에서는 "캐디 티켓팅을 안 했기 때문에 지금 대기하고 있는 캐디가 없으니 골프백을 직접 메고 다니던지 풀 카트(pull cart)에 실어서 끌고 다녀야 한다." 라고 하여 혼자만 풀 카트를 끌고 라운드를 하다가 풀 카트가 뒤집어져 클럽들이 쏟아져 언덕 아래로 흩어져 버리는 바람에 클럽들을 가방에 주워 담느라고 허둥거리던 일(지금도 up-down이 매우 심한 편). 그래도 그 코스에서 101타의 점수를 내어 두 번째 경험으로는 나쁘지 않은 성적을 거뒀다. 그 라운드 때 K모 선배 교수가 "드라이버 거리가 어쩌면 그렇게 많이 나가냐?"고 하면서 드라이버 상표를 묻는 말에 "지봉상사에서 나온 국산채입니다."라고 대답했더니 내클럽을 꺼내다 말고 다시 집어넣던 일. 군 골프장에서 동료 교수들과 저녁내기 라운드에서 잃은 비빔밥 한 그릇이 억울해서 다음 날학교 잔디밭에서 점심시간부터 해가 질 때까지 손에 진물이 나도록 어프로치 연습을 하여 다음 주말에는 잃은 밥 한 그릇을 되찾아 왔던 일(그 연습을 계기로 어프로치 때 일명 '온탕 냉탕'이 없어지는 실력이 갖춰짐). 당시만 해도 어프로치를 어떻게 하는지조차 몰랐는데, 샌드웨지로 무조건 공을 많이 치니까 저절로 공이 높이 솟았다가 사뿐히 떨어지는 것을 느꼈다. 지금의 로브 샷(lob shot)에 해당되는 것 같다. 아이언 7번 클럽이 실전라운드에서 제일 많이 사용된다는 말을 듣고는 세컨드 샷에서 거리는 고려하지 않고 사용하다가 공이 앞 팀 앞에에 떨어져서 그들을 소스라치게 놀라게 했던 일. 티 샷을 한 볼이 심한 슬라이스로 초병의 초소를 스쳐가서 가슴 졸이던 일 등등. 순간이긴 하지만 과거의 골프에 관한 기억들이 주마등처럼 머리에 떠오르면서 골프를 제대로 배워 보고 싶은 욕망이 더욱 커졌다.

1993년 3월 6일 미국 오하이오 주 톨레도라는 도시에 도착해 보니 눈이 무릎까지 찰 정도로 쌓였다. 교민들의 말로는 4월 말이나 5월 초나 되어야 골프를 할 수 있을 것이라고 했다. 시간 가는 것이 아깝지만, 가지고 간 골프 만화 『싱글로…』를 읽고 잭니클라우스(Jack Nicklaus)의 『Golf my way』 비디오테이프를 지역 도서관에서 빌려서 반복해서 보는 것으로 달래야 했다. 골프 수준이 워낙 낮으니까 책을 읽어도 비디오테이프를 보아도 무슨 뜻인지 모르는 것이 태반이었다. 그래도 반복해서 읽고 보니까 골프 지식도 차츰 늘어가는 것 같았다.

톨레도에서의 끝날 것 같지 않던 동절기는 가고 4월의 봄날이 찾아왔다. 4월 마지막 주일 날 한인 교회 집사님들의 안내로 미국에서의 첫 라운드를 갖게 되었다. 코스에 들어가서 공을 쳐 보니 볼이 페어웨이에 떨어지면 땅에 박혔다. 박힌 볼은 갯벌에서 조개 잡듯이 볼이 들어간 흔적을 파내면서 찾아야 하는 형편이었다. 겨울 내내 쌓였던 눈이 녹으면서 강은 범람하고 골프장도 일부 잠겨서 정상적으로 플레이를 할 수 없었다. 결국 서너 홀을 돌고 나머지 홀은 포기하고 다음 라운드는 5월로 기약하고 귀가하였다.

땅이 풀리자 나는 더욱 더 골프에 집중하였다. 집근처 연습장에 등록하고 그야말로 전투 태세에 돌입하듯 각오를 단단히 하였다. 연습장은 소속 레슨 프로인지는 잘 모르겠으나 노인 한 분이 관리와 레슨을 하고 있었다. 유심히 관찰하였으나 믿음이 가지 않아서 혼자 연습하기로 하였다. 나는 더욱 더 책에 의존하게 되었으며, 책 내용대로 해 보기 위해 매일 엄청난 양의 잔디밭을 판 것 같다. 잔디밭을 얼마나 많이 팠는지 가을에는 아이언의 그루브(groove)가 닳아서 깊이가 낮아질 정도로 연습을 하였다. 당연히 '골프엘보'라는 병이 양 팔꿈치에 모두 생겨 운전대 잡기조차도 불편할 정도였다. 그럼에도 불구하고 골프를 향한 열기는 조금도 식지 않았다. 심지어 여행까지 보류해 가면서 골프에 매진하였다. 실력도 일취월장하는 중인 7월에 미국에 유학 중인 자녀를 만나기 위해 온 선배 교수와 톨레도 대학에서 골프를 가르치는 박사학위 논문 준비 중인 예비박사와 미시건 주의 자이언트오크(Giant Oak G.C.)라는 골프장에서 라운드 때 처음으로 85타를 기록하여 한층 더 고무되었다. 이 점수를 안정시키기 위해서 작은 수첩에 라운드 과정을 기록해가면서까지도 노력하였다. 이후에도 리버비힐(Riverbyhill G.C.)이라는 골프장에서 2번 더 85타를 기록하고 11월에는 다른 골프장에서 80타를 2회 기록하였다. 처음 싱글 스코어를 냈지만 "70대 점수가 아닌 싱글은 진정한 싱글이 아니다."라는 동반자들의 불인정에 아쉬움만 남았다. 1993년 12월 22일 그해의 골프 연구는 막을 내리게 되었는데, 마지막 라운드는 화이트포드(White Ford)라는 평탄한 골프장에서였다. 골프 코스가 흰 눈으로 잔잔히 덮여가는 아름답던 풍경은 20년도 훨씬 더 지난 지금까지 잊어지지 않는다.

한국 친구들에게도 미국 싱글스코어는 인정받지 못하고 1996년도 10월이 되어서야 충주C.C.(지금의 Imperial Lake)에서 국내에서 첫 싱글 스코어(76타)를 작성하였다. 그 무렵 대학동문 월례모임(레이크사이드 C.C.)에서 70대 스코어를 심심치 않게 쳐왔으나 이븐파와 언더파는 그 후 몇 년이 더 지나서야 경험하게 되었다. 그후 좀 더 기량을 보강하여 한 라운드(18홀)에서 6개 홀에서 버디를 경험하기도 하고 더 나아가서는 인코스 9홀에서도 5개의 홀에서 버디를 이루는 경험도 하게 되었다. 후에 지역의 골프 좀 친다는 후배들과 골프모임을 갖던 중에 후배 중 한 명이 자기는 H골프장 클럽 챔피언에 도전할 테니 나보고는 학교에 있으니 티칭프로테스트에 응해 보라는 조언을 하였다. 결국 나는 USGTF(미국골프지도자협맹) 회원이 되었고 그도 자기가 속한 골프클럽의 클럽 챔피언이 되었다.

40대 중반부터 골프에 쏟아 부은 시간이 어느덧 60대 중반의 나이가 되었다. 겨우 이제서야 주변을 돌아볼 여유가 생긴 것 같다. 체력이 모자라서이기도 하겠지만 이제는 골프를 여유롭게 즐기는 놀이로 여길 정도까지 마음상태가 온 것 같다. 여유가 생겨서인지 오만한 마음도 같이 자라서인지 모르지만 골프를 공부하던 초기부터 썼다가는 지우곤 했던 골프자료들을 정리하여 감히 한 권의 책으로 결실을 맺고 싶은 욕망도 같이 생겨났다. 20년 이상 골프를 연구하고 가르쳐 왔던 자료와 지도 경험이 혹자에게는 그리 대단치는 않을 수도 있겠지만, 그래도 필자에게는 긴 기간 동안 노력을 기울여 투자한 산물이다. 필자의 연구와 경험이 골프를 대하는 이들에게 조금이나마 도움이 되었으면 하는 마음으로 저술하였다.

이 책이 나오기까지 옆에서 용기를 잃지 않게 뒷바라지해준 아내에게 감사함을 전한다. 그리고 처음 골프 시작하던 해에 12, 13살이었던 사랑하는 아들, 딸이 어느새 40을 바라보는 나이로 성장해서 사회의 일역을 담당하고 있어서 고맙다는 말을 전하고 싶다. 원고를 교정해 주고 조언을 아끼지 않았던 박윤식 교수, 이광용 박사,

고대선 박사, 조성원 박사에게도 깊은 감사의 말을 전한다. 그리고 사진모델을 자청해준 김정아 프로에게 감사함을 전한다. 이외에 옆에서 필요할 때마다 열일 제치고 달려와 도와준 연세대학교 원주 캠퍼스 강사, 조교선생들께도 감사의 말을 전한다. 매회 1달 이상씩 5년간의 전지훈련에서 프로나 프로지망생들과 플레이를 할 수 있도록 배려해주고 조언을 아끼지 않았던 이용회 프로에게 별도의 감사의 말을 전한다. 또 개인적으로 만난 적은 없지만 나의 골프에 아주 큰 영향을 준 잭니클라우스(Jack Nicklaus) 선생, 하비페닉(Harvey Penick) 선생, 벤호건(Ben Hogan) 선생께 깊이 감사드린다.

본서의 구성은 기초편, 심리편, 향상편으로 나뉜다. 기초편은 골프를 처음 접하는 학생들이 이해하기 쉽게 골프의 기원부터 스윙의 마무리(finish)까지를 개략적으로 다루었다. 심리편은 골프학습심리와 실전에 적용되는 골프멘털(golf mental)로, 골프수준에 관계없이 꼭 숙지해야 하는 내용이다. 향상편은 기초편에서 자세히 다루지 못했던 내용들을 좀 더 심도 있게 다루려고 하였다.

"좋은 골프점수는 골프멘털과 스윙메케닉을 적절히 결합시키는 것에서 만들어진다."는 것을 명심하자.

참고문헌을 각주 형식으로 출처를 밝히지 못한 경우는 이미 일반화된 지식이거나 또는 기억 속에 있는 내용이어서 각주를 달기에는 부적합하므로 책 후미에 참고문헌으로 모아서 제시하였음을 밝힌다.

본서는 오른손잡이를 중심으로 쓰였으므로 왼손잡이를 배려하지 못 했음을 이해하기 바란다.

2015. 12. 09. 07:22
연세대학교 원주캠퍼스 현운제에서

차례

Prologue 머리말 • 005

Part 01

기초편

Chapter 01 골프의 일반적 개요
1. 골프의 유래 • 018
2. 골프장의 형태 • 020
3. 게임의 이해 • 024
4. 골프클럽 • 028
5. 골프예절 • 032

Chapter 02 골프스윙
1. 골프스윙의 개요 • 040
2. 그립의 종류 • 051
3. 그립의 기능적 형태 • 052
4. 어드레스(Address) • 054
5. 테이크백(Take Back) • 059
6. 백스윙(Backswing) • 062
7. 다운스윙(Downswing) • 065
8. 임팩트(Impact) • 067
9. 팔로우(Follow) • 069
10. 피니시(Finish) • 072
11. 리듬(Rhythm) • 073
12. 얼라인먼트(Alignment) • 075
13. 스윙(Swing) • 079

Part 02 심리편

1. 뇌에 골프동작을 기억시키자 • 084
2. 골프스윙을 나누려 하지 말자 • 088
3. 지도자의 손을 통해 배우자 • 090
4. 잘못된 고정관념을 바꾸자 • 092
5. 선입견을 이용하자 • 094
6. 작고 명확한 목표를 선택하자 • 096
7. 골프정보를 줄이자 • 101
8. 집중력을 유지하자 • 103
9. 방해정보를 차단하자 • 108
10. 대뇌를 적당히 활성화시키자 • 111
11. 반복해서 연습스윙을 하자 • 114
12. 좋은 골프스윙의 이미지를 갖자 • 116
13. 이미지를 역이용하자 • 119
14. 골프는 순서적 동작이다 • 121
15. 루틴을 지배하자 • 123
16. 감을 만들자 • 125
17. 적정템포를 유지하자 • 127
18. 맞춤형 이미지 플레이를 하자 • 129
19. 시동동작을 만들자 • 132
20. 스윙이미지를 갖자 • 133
21. 집중의 수준을 높이자 • 136
22. 실전과 유사하게 연습을 하자 • 138
23. 게임 중에는 목표수준을 약간 낮게 잡자 • 141
24. 머리가 아닌 몸이 골프스윙을 알게 하자 • 142
25. 자신감을 갖자 • 144
26. 집중과 이완을 조절하자 • 146
27. 숏게임 연습을 게을리 하지 말자 • 147
28. 긍정적 퍼팅 멘털을 갖자 • 149

Part 03
향상편

Chapter 01 골프스윙을 위한 준비

1. 그립 형태와 기능 • 156
2. 어드레스(address) • 161
3. 테이크백(take back) • 170
4. 백스윙(back swing) • 171
5. 다운스윙(downswing) • 179
6. 임팩트(impact) • 184
7. 팔로우스윙 및 피니시(follow swing and finish) • 188

Chapter 02 클럽 종류별 스윙

1. 아이언 샷 • 191
2. 우드 샷 • 200

Chapter 03 숏게임

1. 피치 샷 • 209
2. 칩 샷 • 213
3. 퍼팅 • 215

Chapter 04 위기관리 및 전략

1. 디보트 자리에 놓인 볼에 대한 처리 • 229
2. 벙커샷 • 232
3. 러프탈출 • 236
4. 경사면 • 239
5. 워터해저드가 앞을 가로막고 있을 때 • 245
6. 나무가 앞을 가리고 있을 때 • 247
7. 바람 • 251
8. 비가 오는 날 • 255
9. 바로 다음 샷을 위해 고려해야 할 점 • 257
10. 기초적인 코스전략 • 258

Chapter 05 여러 가지 샷

1. 거리 내기 • 263
2. 티 위의 볼을 타격하기 • 266
3. 프린지 샷 • 269

참고 문헌 • 273

Part 01
기초편

Chapter 01
골프의 일반적 개요

1. 골프의 유래

골프의 유래는 여러 가지로 전해져 내려온다. 골프의 시작은 분명치 않다. 스코틀랜드(Scotland)의 양치기 소년이 양을 돌보다가 심심하니까 긴 막대기로 자갈을 쳐서 동물들이 파놓은 구멍에 넣는 놀이에서 시작되었다고 한다. 또 골프장 벙커(bunker)의 기원도 양치기 소년이 목초지의 움푹 패인 곳을 찾아 바람과 비를 피하였다는 데에서 착안하였다는 주장도 있다. 그러나 이는 그저 설에 불과한 것으로서 문헌에 의한 기록이 아니다. 우리나라 민속놀이 중의 "자치기"가 골프의 기원이라고 우긴다면 어떨까? 그 외에도 자기나라가 골프의 시발점이라는 주장이 여럿 있음에도 불구하고 스코틀랜드에서 생긴 놀이라는 것이 가장 유력하다. 그렇다면 현재와 같은 골프의 형태가 만들어진 것은 언제부터일까? 우리는 골프장을 골프클럽이라고 부르고 사교모임도 사교클럽이라고 부른다. 클럽(club)이라는 말은 긴 막대기나 사교모임을 뜻한다. 따라서 현재와 같은 형태의 골프의 기원을 찾기 위해서는 클럽이라는 말이 언제부터 입에 오르내리기 시작했는지 확인하면 될 것이다.

최초의 골프클럽은 1744년 스코틀랜드의 리스라는 곳에서 귀족 골퍼들이 조직하였다고 한다.* 아마 당시는 성차별이나 인종차별이 꽤나 심했던 것같다. 여성이나 흑인은 클럽에 가입할 수 없었다. 직업에 대한 차별도 있었던 것 같다. 요즈음에 일급 직종으로 취급되는 직업인조차도 가입이 허용되지 않았던 것같다.**

최초의 공식대회는 1860년 스코틀랜드의 남부 프레스트위크 골프클럽에서 제1회 영국오픈이 개최되어 이 대회가 발족하였다고 한다.*** 제2회 때부터는 아마추어에게도 참가자격을 줌으로써 오픈(open)이라는 말이 사용되기 시작하였다.**** 요즈음도 오픈대회(open game)는 아마추어 선수도 참가할 수 있는 경기를 의미한다.

-----

*   최영정, 『골프는 세상을 바꾼다』, (서울: 삶과꿈, 1998), p.20
**   전게서, p.20
***   전게서, p.20
**** 전게서, p.21

2. 골프장의 형태

골프는 경기장 중 광활한 지역에서 행해지고 있는 몇 안 되는 경기 종목 가운데 하나이다. 이 경기장은 그린(green), 홀(hole), 스루더 그린(through the green), 티박스(tee box), 해저드(hazard), 나무숲, 벙커(bunker) 같은 것들로 구성되어 있다.

① 그린(green)[*]

그린은 골프장에서 가장 잔디가 짧은 곳으로서 토끼 같은 초식동물들이 풀을 깎아 먹어서 잔디가 짧았던 것에 기원을 두고 있다.

② 홀(hole)[**]

홀은 그린 위에 원형으로 뚫어 놓은 구멍을 말하는데 초기에는 동물들이 뚫어 놓은 구멍이 홀에서 시작되었다고 한다. 현재 홀의 직경은 10.8cm로 되어 있다.

---

[*] 코스 내 가장 짧은 잔디로 조성되어 있으며, 홀이 설치되어 있음

[**] 각각의 코스에서는 이 홀에 공을 넣음으로써 경기가 끝남

③ 스루더그린(through the green)*

스루더그린은 티박스에서 그린까지의 공간을 말하는데 대체로 잔디를 깎은 곳을 말한다.

④ 티박스(tee box)**

티박스(tee box)는 홀마다 있는 것인데 게임이 시작되는 지역을 말한다. 이 지역에서 볼을 때림과 동시에 경기가 시작된다. 티박스를 유심히 보면 좌 우 폭은 표시되어 있지만 앞뒤는 표시가 없다. 그러나 지나치게 뒤로 나가서 볼을 치면 반칙이 된다. 두 클럽 범위 내에서 볼을 쳐야 한다.

⑤ 해저드(hazard)***

해저드는 말 그대로 게임에 장애가 되는 지역을 말한다. 구체적으로 강이나 호수, 벙커가 여기에 속한다. 강이나 호수를 워터해저드(water hazard)라고 부르는데 해저드 표시는 황색말뚝이나 적색말뚝을 꽂아서 표시를 한다. 보통 황색표시를 한 워터 해저드는 호수의 모양으로 스루더그린 앞을 가로막은 형태의 호수이며, 적색말뚝 표시의 워터 해저드는 병행해저드(lateral water hazard)라고 하여 스루더그린과 옆면을 같이 하는

---

* 그린지역, 워터(water)해저드지역, 샌드(sand)벙커지역을 제외한 코스의 전 지역

** 경기를 처음 시작하는 각 홀의 위치

*** 플레이를 어렵게 하는 지역으로 강, 호수, 모래 구덩이, 풀이 긴 지역 등

호수나 강을 말한다. 이곳에 볼을 빠뜨리면 1벌타를 받는다.

⑥ 벙커(bunker)[*]

벙커는 잔디벙커와 모래벙커(sand bunker)로 되어 있는데 벌타는 없다. 샌드벙커 내에서는 클럽을 바닥에 대거나 모래를 손으로 만져서도 안 되며, 나무 조각 같은 장애물을 치워도 안 된다. 위반 시 2벌 타를 받게 된다. 골프는 자연 속에서 이루어지는 경기이므로 천연의 나무숲과 인공적인 장애물로 나무를 심거나 벙커나 개천과 호수를 조성하여 골프게임의 난이도를 조절한다.

⑦ 러프(rough)[**]

티박스에서 그린까지의 공간 중 잔디가 긴 곳은 러프(rough)라고 부른다. 골프코스는 18홀로 되어 있다. 전반 9홀을 아웃코스(out course) 후반 9홀을 인코스(in course)라고 부른다. 각 홀은 티박스(tee box), 스루더그린, 그린, 러프 그리고 홀(hole)로 구성되었다. 각 코스는 나무, 호수, 강, 도랑, 바위, 벙커 등과 같은 것으로 아름다움과 장애물의 역할을 동시에 겸하도록 구성되었다.

---

[*] 모래 구덩이, 잔디 구덩이
[**] 풀이 긴 지역

〈그림1〉 골프장 전경

3. 게임의 이해

1) 점수계산

① 파(par)*

② 보기(bogey)**

③ 더블보기(double bogey)***

④ 트리플보기(triple bogey)****

⑤ 쿼드러블보기(quadrable bogey)*****

⑥ 버디(birdie)******

⑦ 이글(eagle)*******

⑧ 앨버트로스(albatross)********

---

*   기준 타수

**   기준 타수보다 1타 더 쳤을 때의 점수

***   기준 타수보다 2타 더 쳤을 때의 점수

****   기준 타수보다 3타 더 쳤을 때의 점수

***** 기준 타수보다 4타 더 쳤을 때의 점수

****** 기준 타수보다 1타 덜 쳤을 때의 점수

******* 기준 타수보다 2타 덜 쳤을 때의 점수

******** 기준 타수보다 3타 덜 쳤을 때의 점수

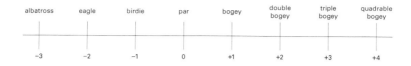

골프게임은 최소의 타수로 홀에 볼을 넣는 것으로 끝난다. 각 홀마다 각각의 거리가 정해져 있으므로 그 거리에 효과적으로 접근하여 홀 아웃(hole out) 해야 한다. 각 홀마다 기준 타수가 정해져 있는데 이것보다 더 잘 쳤거나 못 쳤을 때 부르는 이름이 따로 있다.

즉 기준타를 쳤을 때를 '파(par)'라고 부른다. 기준타보다 1타를 더 쳤을 때 "보기(bogey)", 2타를 더 쳤을 때 "더블보기(double bogey)", 3타를 더 쳤을 때 "트리플보기(triple bogey)", 4타를 더 쳤을 때 "쿼드러블보기(quadrable bogey)"라고 부른다. 그리고 1타를 덜 쳤을 때 "버디(birdie)", 2타를 덜 쳤을 때 "이글(eagle)", 3타를 덜 쳤을 때 "앨버트로스(albatross)"라고 부른다. 1타 만에 볼을 홀에 넣으면 "홀인원(hole in one)"이라고 부른다. 홀인원(hole in one)은 티샷(tee shot)을 해서 한 번에 볼을 홀에 넣는 것을 말한다. 대개 거리상으로 파3 홀에서 이루어지므로 −2점이 된다. 그러나 파4 홀에서 이루어졌다면 앨버트로스가 된다. 이 경우의 점수는 −3이 된다.

18홀을 기준타로 끝냈을 때 "이븐 파(even par)"했다고 한다. 만약에 Par72의 코스에서 기준타 보다 1타를 덜 쳤다면 "원 언더 파(one under par)" 1타를 더 쳤다면 "원 오버 파(one over par)"를 했다고 한다.

2) 홀과 파

① 아웃코스(out course)[*]

② 인코스(in course)[**]

③ 파(par)

④ 온 그린(on green)[***]

⑤ 홀아웃(hole out)[****]

골프는 18홀로 구성된다. 이 홀들은 아웃코스 9홀과 인코스 9홀로 구분하고 있다. 대개는 파3홀이 아웃코스에 2개 홀 인코스에 2개 홀, 파4홀이 아웃코스에 4개 홀 인코스에 4개 홀 그리고 파5홀이 아웃코스에 2개 홀 인코스에 2개 홀씩 되어 있다. 그래서 파를 다 합하면 72가 된다. 꼭 파가 72가 되어야 하는 것은 아니다. 종종 파71 또는 파73 이상의 코스도 있다. 파를 정한 의미를 생각해 보면 다음과 같다. 파3홀(남: 250야드 이하, 여: 210야드 이하)은 1타에 그린에 볼을 올려서 2회의 퍼트로 홀아웃(hole out)을 할 수 있도록 되었다. 다시 말해 1회의 타격으로 그린에 도달할 수 없는 거리는 파

---

[*]   18홀의 코스 중 전반 9홀을 말함

[**]   18홀의 코스 중 후반 9홀을 말함

[***] 공을 때려서 그린 위에 공을 올린 경우

[****] 각 홀에서 공을 홀에 넣었을 때

3홀로 만들지 않는다. 또 파5홀(남: 471야드 이상, 여: 401-575야드)을 예로 들면 3회의 타격과 2회의 퍼트로 파를 할 수 있도록 설계되었다. 만약에 거리가 짧으면 코스가 굽어졌거나 주위나 앞에 물이나 벙커 또는 계곡, 나무숲 같은 장애물을 만들어 놓아 2타째에 그린에 올리다 실수했을 때 그것에 대한 대가를 치르도록 되어 있다. 거리가 긴 코스는 비교적 장애물이 적다. 거리가 길다는 것만으로도 어려운데 장애물까지 많다면 제대로 게임을 할 수 없을 것이다.

근래에는 장비의 발달로 위와 같은 골프코스 설계의 기준개념이 위협받기에 이르렀다. 코스의 길이를 계속 연장할 수 없고 코스의 모양을 아무리 비틀어서 어렵게 만들어도 한계가 있을 뿐만 아니라 인간의 장타에 대한 본능을 제한하게 되므로 미국프로골프협회(PGA)와 영국왕실골프협회(R&A)는 드라이버(Driver)*의 반발력을 제한함으로써 거리를 제한하고 있다.

---

* 골프채 중 거리가 가장 많이 나가는 클럽

4. 골프클럽

① 휴대 골프클럽 14개까지
② 우드(wood)
③ 아이언(iron)
④ 퍼터(putter)

〈그림2〉 우드, 아이언, 퍼터

골프클럽은 14개까지 휴대할 수 있다. 옛날에는 24개까지 쓰여서 캐디(caddie)*들이 매우 무거워했을 것으로 생각된다. 클럽은 우드와 아이언으로 구성되어 있으나 어떻게 구성해서 게임을 하던지 규제하지 않는다. 우드는 대개 헤드가 주먹같이 둥그렇게 생겼으며, 아이언은 수저를 굽혀 놓은 것처럼 생겼으며(보는 사람에 따라서 달리 느낄 수 있겠지만), 각 클럽에는 번호가 적혀있다. 이 번호는 클럽의 길이와 로프트(loft)**에 따라 정해졌다. 로프트가 크고 샤프트(shaft)***가 짧아지면 보다 큰 숫자의 번호가 부여됐다. 초기의 우드는 나무로 만들어졌기 때문에 현재의 다른 소재(스틸, 티타늄 등)로 된 우드도 그냥 우드라고 부른다.

우드는 1번을 드라이버(driver), 3번을 스푼(spoon), 4번을 버피(buffy), 5번을 클리크(cleck)라고 부른다. 클리크라는 말은 원래 로프트가 작은 아이언을 부르는 말이었는데 요즈음은 대체로 5번 우드를 지칭한다. 물론 우드1번, 우드3번 우드5번처럼 우드에 번호를 붙여서 부르기도 한다. 우드는 대개 1번, 3번, 5번으로 구성한다. 1번 우드의 로프트(loft)는 대개 7–12°사이다. 남자의 경우는 11°이내, 여성의 것은 12°이내가 대부분이다. 그러나 선수들의 경우는

---

*   골프 경기도우미

**   클럽헤드면과 지면이 이루는 각도로 거리와 탄도에 영향을 미침

*** 클럽헤드를 제외한 손잡이 대(handle) 부분

자신의 목적에 따라서 선택한다. 즉 볼을 많이 구르게 하여 거리를 늘리고자 하면 로프트가 적은 드라이버를, 탄도를 높이어 방향성을 우선하면 로프트가 큰 드라이버를 선택한다.

아이언은 번호가 커질수록 채가 짧아지고 볼도 높이 뜨며 거리도 덜 나간다. 또 볼이 나르는 거리(비거리)에 비해서 구르는 거리는 짧다. 1번, 2번, 3번... 9번 피칭웨지(pitching wedge)*, 샌드 웨지(sand wedge)** 등이 있는데, 보통 3번부터 샌드웨지까지 구성한다. 1,2번은 헤드 면의 각도가 작고 샤프트의 길이가 길어서 다루기 쉽지 않다. 이러한 이유 때문에 훨씬 사용하기 쉬운 우드로 대체해서 클럽 세트를 구성하기도 한다.

아이언의 경우 3,4번을 보통 롱아이언이라고 부르고 5, 6, 7번을 미들아이언, 8, 9번을 숏아이언 그리고 P, S를 웨지라고 부른다. 아이언 3번의 로프트는 보통 22–24°가 된다. 각각의 아이언 클럽은 대개 로프트가 3–4°, 그리고 샤프트의 길이는 1/2인치(inch)의 차이가 난다.

각 클럽은 자기의 거리를 가지고 있다. 대체로 클럽 번호 하나 차이에 약 10야드(yds)의 거리 차가 난다. 그러나 웨지는 특별한 목적

---

* 보통 9번 다음의 클럽을 말함

** 짧은 거리에서 가장 많이 사용하며, 퍼터를 제외하면 가장 짧은 클럽

을 가지고 제작되므로 거리보다는 기능을 우선해 거리 적용이 많이 다를 수 있다. 예를 들면 샌드웨지의 경우는 거리가 나지 않는다. 따라서 피칭웨지와 사이에 거리 공백이 크기 때문에 사이에 50-54°의 웨지를 하나 더 추가해서 클럽을 구성하기도 한다. 이것을 갭웨지(gab wedge), 트윈웨지(tween wedge), 어프로치웨지(approach wedge), 제3의 웨지(third wedge) 등등 여러 가지 이름으로 부른다. 또 일반적인 샌드웨지보다 각도가 더 큰 58-62°의 웨지를 세트에 포함시키는 경우도 있는데 이 웨지를 로브웨지(lob wedge)라고 한다.

이외에 없어서는 안 되는 꼭 필요한 클럽이 있는데 퍼터(putter)라고 한다. 퍼터는 그린에 있는 홀(hole)에 볼을 넣기 좋게 생겼다. 클럽헤드의 형태는 "티자(T)형, 반달(D)형, 엘자(L)형"등등 여러 가지이다. 또 길이도 다양하여 그립 끝을 손으로 잡고 어깨로 회전시키는 짧은 클럽이 있는가 하면 그립 끝을 가슴이나 배에 대고 회전시키는 긴 클럽도 있다.

프로선수들이 긴 퍼터를 사용하는 비율이 높아지고 있는 추세이므로 미국프로골프협회(PGA)와 영국왕실골프협회(R&A)에서 2016년부터 골프규정을 바꿔 규제하기로 결정하였다. 참고로 이 두 골프협회는 2년에 한 번씩 골프 규정을 협의하여 수정한다.

5. 골프예절

① 여유 있게 도착하기

② 동반자들과 인사하기

③ 몸 풀기와 연습퍼팅

④ 규칙 철저히 지키기

⑤ 지연 플레이 하지 않기

⑥ 플레이 중 정숙하기

⑦ 티샷 시 오너(honor) 빼앗지 말기

⑧ 홀에서부터 먼 플레이어 순서로 플레이하기

⑨ 동반자 퍼팅라인 밟지 않기

⑩ 플레이어 시야에서 벗어나기(그림자 포함)

⑪ 도우미에게 너무 의존하지 말기

⑫ 뒷정리하기(샌드벙커, 디보트, 그린에서의 볼 마크))

⑬ 좋은 샷에 대해 칭찬하기

⑭ 최종 플레이어가 홀아웃 하자마자 다음 그린으로 빨리 이동
하기

⑮ 연습스윙은 목표방향으로 하기

골프라는 운동은 신사 운동이다. 신사다운 매너를 지킴으로써

동반자를 존중하고 자신의 품격도 높이도록 하여야 한다. 최소한 티오프(tee off)시간 40-50분 전에 도착해서 등록하고 옷도 갈아입고 자외선 차단제도 바르는 등 이것저것 준비하려면 이 시간도 충분하지 않을 수 있다.

조금 시간적 여유가 있다면 1시간 전쯤 도착해서 동반자들과 인사도 나누고 차도 마시며 담소하면서 느긋하게 준비하는 것이 좋다. 몸도 풀고 연습 그린에서 퍼팅 연습을 하여 코스의 그린 속도도 미리 익혀 두는 것이 경기에도 도움이 된다.

골프볼은 있는 그대로 치는 것을 원칙으로 한다. 오직 규칙에 의해서만 구제받을 수 있다. 처음 라운드를 하는 플레이어라면 규칙이 이해가 되지 않는 부분이 많아서 동반자의 안내를 받을 수밖에 없겠지만 골퍼라면 누구나 골프 규칙을 읽고 이해하여 반드시 규칙을 준수해야만 한다. 규칙을 모르고 라운드를 하는 것은 운전면허 없이 자동차를 운전하는 것과 같다. 라운드 중에 규칙을 지키지 않는 행위는 운전자가 도로교통법을 위반한 것과 같은 셈이다.

어떤 플레이어는 "내 돈 내고 내가 치는데 무슨 상관이 있느냐?"고 말하는 경우가 있는데 이런 사람은 혼자 살아야 마땅한 사람이다. 이렇게 이기적인 사람은 당연히 골프도 하지 말아야 한다. 모든 스포츠와 마찬가지로 골프도 정해진 시간 내에 플레이를 끝내야 한다. 다음 팀도 마찬가지로 정해진 시간 내에 플레이를 마쳐야 하기 때문에 자신에게 주어진 시간만큼만 사용해야 한다.

골프라는 운동은 실수가 유발되는 운동이다. 경우에 따라서는 볼이 숲으로 들어가서 볼을 찾느라고 시간을 허비하는 경우가 종종 있다. 골프 규정에는 볼을 5분 동안만 찾을 수 있다. 5분이 지나도록 볼을 찾을 수 없거든 곧바로 분실구(lost ball)[*] 선언하는 것이 깨끗한 매너이다. 뒤 팀이 기다리거나 말거나 개의치 않고 계속해서 볼을 찾으면 전체적인 진행이 자신의 팀 때문에 지연된다.

골프는 매 홀마다 티샷(tee shot)으로 게임이 시작된다. 티박스(tee box)에 들어서면 거의 모든 골퍼들은 긴장한다. 티박스에서 긴장을 해소하고 보다 좋은 샷을 위해 예비동작을 지나치게 많이 하는 골퍼들을 많이 볼 수 있다. 한두 번의 프리샷(pre shot)^{**}은 문제가 되지 않으며, 본인에게도 도움이 된다. 그러나 그 이상이 되면 동반자들에게도 긴장을 한층 고조시키고 시간도 지체된다. 골프는 한 팀을 3-4명으로 구성하는데, 그들이 함께 사용해야 할 시간을 어느 한 사람이 너무 많이 사용하면 다른 사람은 제대로 준비도 못하고 샷을 하게 된다. 한 사람 때문에 나머지 동반자들이 바빠진다. 결국 동반자들은 바쁘게 되어 리듬을 잃게 될 수도 있다.

---

* 분실구를 찾을 수 있는 시간은 5분 동안이며, 2타의 벌타가 부과된다.
** 타구하기 직전에 클럽으로 하는 작은 동작

골프 라운드(round)[*]를 하면서 느릿느릿 걷고 볼 앞에서도 시간을 많이 끄는 플레이어를 볼 수 있는데 이런 플레이어는 환영받지 못한다. 가능한 한 빠른 걸음으로 볼에 접근해서 미리 볼을 칠 준비를 했다가 자신의 순서가 되면 너무 꾸물대지 말고 볼을 쳐야 한다. 지연 플레이어는 골프 친구가 점점 떨어진다는 것을 명심해야 한다. 골프기량이 좋아서 실력을 아무리 뽐내고 싶어도 주위에 친구가 없으면 자랑할 수 없으니 불행한 일이다.

골프게임은 축구나 배구 같은 구기운동이나 격투기처럼 격렬하게 진행되는 운동이 아니므로 정숙해야 한다. 자칫 정신집중에 방해될 수 있기 때문이다. 또 혼자 하는 운동이 아니라 동반자들과 같이 하는 운동이라 동반자들에게 피해를 주지 않도록 배려해야 하는 운동이다. 개중에는 골프게임의 속성을 이해하지 못해 주위의 눈살을 찌푸리게 하는 플레이어도 눈에 띄는 경우가 있는데 가까운 사람이 하루 속히 조언을 해서 바른 경기습관을 갖게 해야 한다. 또 휴대폰은 가급적 꺼놓고 경기하는 것이 좋다. 사업상 끄기가 어렵다면 타인에게 방해되지 않게 조심해서 사용해야 한다. 라운드 중의 목소리도 좀 낮추어 조용한 환경을 만들어서 동반자들의 정신을 산만하게 하지 말아야 한다.

---

[*]　골프 경기는 각 홀을 돌면서 행해지므로 라운드라고 표현

골프는 바로 전 홀에서 제일 잘 친 플레이어가 다음 홀에서 가장 먼저 티샷을 한다. 그를 오너(honor)라고 한다. 이 말은 잘 알다시피 "명예, 존경, 영광"이라는 뜻이다. 만약 어떤 골퍼가 순서를 지키지 않고 티오프(tee off)*를 한다면 남의 명예를 빼앗은 것이 된다.

볼을 치고 나가면 볼의 위치가 각각 다를 것이다. 볼은 홀에서 먼 플레이어의 순서로 플레이하는 것이다. 만약에 홀에서 가까운 플레이어가 먼저 치면 뒤의 플레이어의 볼에 맞을 수도 있으므로 안전에도 문제가 되며 동반자들이 함께 어깨를 나란히 하고 걸으면서 대화할 기회도 잃게 된다. 동반자 가운데 자기의 볼이 있는 곳으로 속히 이동하여 다음 샷을 준비하는 경우가 있는데, 물론 코스의 밖으로 벗어났을 가능성이 높은 경우에 플레이 시간을 절약하기 위해서 좀 서둘러야 하겠지만 가능하면 동반자들과 동행하면서 그동안 못 다한 담소도 나누고 동반자의 플레이에 찬사도 보내면서 플레이를 해야 한다. 매치 플레이의 경우 플레이 순서를 어겼을 경우 동반자가 샷을 다시 할 것을 요구하면 들어 줘야 한다.

온 그린(on green)을 해서 퍼트 준비를 하는 동안 퍼팅 라인을 읽기 위해 홀과 볼의 주위를 돌면서 유심히 관찰할 때 자칫 남의 퍼팅라인을 밟을 수도 있기 때문에 주의하지 않으면 안 된다. 그린은

---

* 18홀의 경기를 위한 첫 샷의 영문 용어

부드럽기 때문에 밟은 자리가 눈에는 보이지 않지만 주위보다 아래로 들어가기 때문에 볼이 의도한 대로 구르지 않을 수 있다. 그린 위에서 동반자의 퍼팅라인을 밟지 않는 것은 예의 수준을 떠나 동반자의 볼의 구름을 방해한 벌로 벌타가 부과될 수 있으므로 주의해야 한다. 퍼트하려는 플레이어의 앞이나 뒤에서 볼의 구름의 정보를 얻기 위해서 시야 내에 있는 경우가 있는 플레이어가 있는데, 이것은 극도로 예민해져 있는 플레이어를 자극하는 행위가 될 수가 있으므로 주의해야 한다. 햇빛이 있는 날은 그림자가 생기게 마련인데 플레이어에게 신경 쓰이게 할 수 있으므로 주의해야 한다. 특히 늦은 오후의 경우에는 그림자가 길게 늘어나므로 특히 주의해야 한다.

필자와 자주 플레이를 하는 플레이어 중 어떤 사람은 전혀 자기 자신의 노력 없이 캐디의 도움으로만 플레이를 진행하려고 하는데 어떤 때는 좀 심하다 싶은 생각이 들곤 한다. 예를 들어 30m도 되지 않는 거리를 묻기도 하고 다른 플레이어를 먼저 도와 줘야 하는 상황인데도 불구하고 도우미를 불러대곤 한다.

도우미의 조언을 들었을지라도 자신이 결정하고 자신이 책임져야 한다. 간혹 도우미가 '경사를 잘못 읽었느니, 거리를 잘못 계산했느니'하고 불만을 토로하는 플레이어가 있는데 이것은 대단히 잘못된 태도다. 도우미는 말 그대로 도우미일 뿐 플레이어가 아니므로 도우미말은 참고만 하고 책임은 플레이어가 지어야 한다. 도우미에게 의존하는 대신 스스로 생각하면서 하는 플레이를 하면 훨씬 집중도 잘 되고 재미도 있다.

샌드 벙커에서 플레이하고 나면 발자국이라든지 볼을 친 자리의 흔적이 남게 마련인데 이 흔적은 뒤 팀에게 큰 불이익이 될 수 있다. 샌드 벙커 내에서의 규칙은 엄격해서 이러한 흔적에 볼이 들어갔더라도 옮길 수 없기 때문이다.

동반자의 좋은 샷에 대해서는 같은 칭찬으로 게임 분위기를 긍정적으로 이끌어 가도록 하여야 유쾌한 분위기가 연출된다. 그러나 동반자들의 볼에 대해 무조건 "굿 샷(good shot)!" 또는 "굿 볼(good ball)!" 할 것이 아니라 구질을 보고 실례가 되지 않는 경우에만 칭찬해야 한다. 칭찬을 했는데 볼이 좋지 않은 방향으로 날아갔다면 큰 실례가 되는 것이다.

홀아웃*을 하면 다음 홀로 신속히 이동해야 한다. 뒤 팀이 그린으로 플레이를 할 수 있도록 가급적 홀을 빨리 비워 줘야 한다. 홀과 홀 사이의 이동시간을 절약해야 플레이 전체 시간도 줄일 수 있다. 어떤 플레이어는 홀에 들어가지 않은 자신의 볼에 아쉬움을 느껴 한 번 더 연습하기도 하는데, 홀 아웃을 했으면 그 경기장은 나

---

* 홀을 마침

의 것이 아니다. 그것을 사용할 권리는 뒤 팀에게 있는 것이다. 홀 아웃을 했으면 신속하게 그린을 벗어나야 한다.

동반자의 샷을 끝까지 지켜보고 이동하는 것도 중요하다. 어떤 경우에는 그린에 마지막 플레이어 혼자만 남겨 놓고 그린을 떠나는 경우도 있는데, 이것은 "깜깜한 밤중에 같이 동행하던 애인을 홀로 버려두고 오는 것과 같다."고 말하는 사람도 있다. 동반자가 외롭게 혼자 뒤쳐지게 하는 것은 예의가 아니다.

라운드 중 티박스에서의 연습스윙은 자기차례에 목표 방향을 향하여 해야 한다. 라운드 전에는 연습 타석이 있는 곳에서는 최악의 실수를 했을 경우 타인에게 위협이 되지 않는지 확인하고 해야 한다. 어떤 골퍼는 주위를 확인도 하지 않고 연습스윙을 함부로 하여 주위 사람들에게 위협이 되게 하는 경우가 종종 있다. 절대로 사람이 있는 방향으로 스윙을 해서는 안 된다. 모래라도 튀어서 앞에 있던 사람의 눈에 들어갈 수도 있다. 만약에 클럽헤드가 부러진다면 어떤 일이 생기겠는지 상상만 해도 끔찍하다. 또 목표 방향이 아닌 경우 동반자가 인지하지 못해서 클럽에 맞을 수도 있으므로 각별히 주의해야 한다.

Chapter 02
골프스윙

1. 골프스윙의 개요

① 골프스윙은 절제가 필요하다.
② 기본 학습과정이 필요하다.
③ 긍정적인 생각을 가져야 한다.
④ 힘의 원천은 몸(특히 하체)에 있다.

골프라는 운동은 다른 어떤 운동보다도 준비가 필요한 운동이
다. 탁구나 테니스처럼 어느 정도 배우거나 경험이 없으면 게임을
할 수 없는 운동도 있지만, 또 축구처럼 잘하지는 못하지만 그럭저
럭 참여해서 즐길 수 있는 운동도 있다. 그러나 골프는 좀 지나친

말인지 모르지만 배우지 않으면 거의 게임을 할 수 없는 운동이다. 기술을 연마하여 수준을 높이더라도 남과 어울리기 위해서는 최소한의 훈련이 요구된다. 그 수준이 단지 몇 번의 경험으로 되는 것이 아니라 "집중적으로 결코 짧지 않은 기간 동안을 훈련해야 겨우 볼을 앞으로 띄워 보낼 수 있다."라고 표현하면 좀 지나친 표현일지 모르지만 아무튼 쉽지 않은 운동이다.

그 과정이 지난 다음에는 골프를 즐기기 위한 시간이 있어야 하고 만만치 않은 비용도 지출할 수 있어야 한다. 그리고 더 중요한 것은 나와 같이 놀아 줄 친구가 있어야 한다. 또 골프 예절은 얼마나 까다로운지 이것이 부족하면 무례한 인간 취급을 받을 수 있음은 물론 안전하게 경기를 진행할 수조차 없을 수 있다. 그뿐만 아니라 엄격한 규칙은 사전 지식이 없는 일반인은 쉽게 접근하기조차 어렵다.

같은 운동도 낮은 수준으로 특별한 기술없이 즐기는 것보다 난이도 있는 기술을 배워서 높은 기술을 구사하면서 즐기는 운동이 훨씬 더 재미있다. 등산을 예로 들면 뒷동산을 뒷짐 지고 오르는 것보다 암반으로 된 절벽을 로프에 매달리며 오르는 것이 훨씬 재미있다. 골프는 기술을 연마하고 그 기술을 응용하면서 게임을 하여야 하는 운동이므로 재미있을 수밖에 없다.

유명한 골프 경기의 관객(gallery)으로 참여하여 보자. 수백만㎡(수

심만평)가 넘는 광활한 지역에 운집한 관객을 보고 처음 참여한 사람은 놀라지 않을 수 없을 것이다. 그들이 대부분 골프를 직접 행하는 사람들인 것을 생각하면 골프인구도 타 인기 운동에 못지않게 많다는 것을 실감하게 될 것이다.

아무튼 여러분들은 여러 가지 운동 가운데 이 운동종목을 배우기로 선택하였다. 선택한 이상 골프를 좀 더 이해하고 검증된 방법으로 제대로 잘 배우기를 원할 것이다. 골프를 즐기는 수준까지는 소질이 많은 사람보다는 골프 지도자의 말을 잘 따르는 사람이 더 잘 하는 것 같다. 물론 소질이 많은 사람도 기술을 차근차근 연마하여 어느 정도 수준이 되었을 때 실전 경험을 갖추면 플레이를 잘할 수 있겠지만, 대부분의 능력자들은 자신의 능력만 믿고 준비가 안 되었음에도 불구하고 성급하게 게임을 즐기기에 여념이 없다. 이로 인해 나쁜 습관이 배어 좋은 플레이를 못하게 되는 경우가 참많다. 골프는 난이도가 높은 운동이어서 충분한 학습 기간이 필요하기 때문에 일정한 기간 동안 참고 견뎌야 한다. 골프지도를 최소 5, 6개월에서 1년 이상의 기본 학습과정이 필요하다.

골프는 스윙이 기본이다. 그러나 아직 "바로 이런 스윙이 완전한 스윙 방법이다." 라고 단언하기는 쉽지 않다. 필자는 가끔 다음과 같은 말로써 설명한다. 어떤 사람이 목적지를 향해서 길을 걷고 있다고 하자. 그가 큰길 한가운데로 가든 왼쪽으로 가든 오른쪽으로 가든 목적지까지 도착하기에 그것이 뭐 별 큰 문제가 되겠느냐고 설명한다. 최단거리로 도로를 질러가는 방법도 있고 한쪽 면으로만 갈 수도 있듯이 여러 방법이 있을 것이다. 이처럼 골프도 출발점과 도착점이 있는 운동이지만, 다양한 전략과 기술을 구사하면서 게임을 진행한다. 특히 골프스윙에 있어서 우리는 완전한 골프스윙이 어떤 것이지 아직 잘 모르면서 아는 척하고 있는지도 모른다. 우리가 생각하는 스윙 기준과 다르더라도 플레이를 잘하는 선수가 출현할 때마다 완전한 골프스윙에 대한 믿음은 엷어지지 않을 수 없다. 우리 몸은 로봇과 같은 기계와 달라서 인위적으로 자신의 몸을 정확하게 움직일 수 없다. 중요한 것은 목적지로 향한 길을 벗어나지 않으면 플레이를 하는 데 문제가 될 것이 없다는 사실이다.

어린이와 함께 차가 드문 시골길의 대로변을 걸어 본적이 있는지 모르겠지만, 많은 어린이들은 호기심이 많아서인지 길을 가면서도 산만하게 이리저리 왔다 갔다 한다. 길은 벗어나지 않을지라도 보호자를 신경 쓰이게 할 것이다. 가끔이긴 하지만 차량이 지나갈 때는 옆으로 비키게 해야 할 때도 있다. 어린이 자신은 똑바로 가는 것보다는 더 많이 걸어야 하니 효율성이 떨어지는 것은 물론이다. 효율성으로 따지자면 이런 어린이의 행로는 분명히 옳지 않다. 그러나 목적지까지 가기에는 문제가 없다. 또 이와 같이 이리저리 다니면서 길을 걷다 보면 많은 경험도 얻게 될 것이다. 이 경험은 다음에 길을 걸을 때 적용되기도 할 것이다. 골프에서도 어떻게든 홀까지는 갈 수 있다. 그러나 관절을 가장 적절하게 사용하여 몸에 무리도 주지 않으면서 가장 효율적으로 가는 방법은 어떤 것인가? "이것이 정답이다." 라고 답할 수는 없지만 그래도 그것에 근접한 이론적인 근거는 밝혀져 있다.

골프를 잘하기 위한 지름길은 검증된 지도자의 지도를 많이 받는 것이라고 생각한다. 많은 골프 지도자들은 체형에 맞는 스윙을 지도한다고 내세우곤 하지만, 그것이 얼마나 차이가 있는지 궁금하다. 필자는 골프스윙의 기본이 여러 가지일 수 없다고 생각한다. 체형에 따라서 전혀 다른 스윙이 따로 있는 것이 아니라고 생각한다. 단지 같은 스윙의 기본을 가르쳐도 체형의 차이 때문에 모방의 형태가 다르게 표현될 수 있을 것이다. 또 체형에 따라서 스탠스(stance)의 형태나 왼팔을 펴는 정도를 조금 바꾸거나 강조를 더 하거나 덜 하는 차이는 있을 수 있겠지만 스윙의 기본이 달라지는 것은 아니다.

몸이 비대한 사람 또는 가슴이 큰 골퍼는 백스윙에서 왼팔은 완전히 펴려고 해도 잘 펴지지 않는다. 그 때에 왼팔을 똑바로 펴야된다고 강요하지 않으면 되는 것이지 왼팔은 굽혀도 괜찮다고 가르칠 필요는 없다. 또 스윙 중에 머리를 움직이지 말라고 지도해도 배우는 사람들은 움직여도 괜찮을 만큼 이상을 움직여서 문제가 되는데 머리를 움직여도 괜찮다고 가르친다면 오히려 문제가 될 수 있다. 단지 머리를 절대 움직이지 않아야 된다고 가르치지 않으면 되는 것이다. 특히 숏 게임(short game)*에서 머리를 움직여 정확하게 볼을 맞추지 못한 때가 얼마나 많았는지 경험 많은 플레이어들은 이해가 될 것이다. 숏아이언** 사용 시 머리의 움직임을 제한시키지 않으면 많은 실수를 범할 수밖에 없다. 골프에서는 숏아이언을 사용하는 빈도가 다른 클럽에 비하여 높기 때문에 많은 점수를 잃게 될 것이다. 따라서 머리를 고정시키라는 지도를 할 수밖에 없다. 몸이 비대한 사람에게 백스윙을 조금 더 크게 하기 위해서 양발 앞 끝을 약간 열게 하였다고 체형에 맞는 스윙이라고 말할 수는 없다. 스탠스가 지나치게 넓으면 하체 움직임이 부족해질 수 있고 스탠스가 좁으면 반대로 하체 움직임은 많으나 균형을 잃기 쉬울 수도 있다. 이러한 현상은 신체의 모습에 관계없이 나타난다.

몸이 비만해도 유연성이 뛰어난 사람은 얼마든지 있을 수 있기 때문에 정해진 틀에 짜 맞추려고 하는 것은 골퍼의 잠재력이 발휘되기도 전에 제한하게 될 수 있다. 어떤 동작을 하지 말라고 하여도 필요한 만큼 이상의 동작이 저절로 되는 것이 사람의 몸이다. 오

---

*   퍼트나 어프로치처럼 짧은 거리에서의 플레이
** 8번 이하의 아이언을 보통 숏 아이언이라고 부른다.

히려 괜찮다고 하여서 문제되는 것이 더 크면 하지 말라는 말을 쓰게 되는 것이다.

골프는 극단적이지 않은 운동인 것 같다. "꼭 이렇게 하지 않으면 안 된다."는 말보다는 "이렇게 할 수도 있고 저렇게 할 수도 있다."가 더 골프에 어울리는 말인 것 같다. 그래서 흔히들 골프를 중용적인 운동이라고 말하기도 한다. 골프에서는 어느 쪽으로 지나치게 치우치지 않아야 하는 것들이 아주 많다. 예를 들면 스윙을 지나치게 빨리 해도 느리게 해도 안되고, 백스윙(back swing) 중 겨드랑이를 너무 붙여도 떼어도 안되고(단지 조이는 정도면 충분함), 무릎을 너무 굽혀도 펴도 안 되고, 머리를 너무 숙여도 들어도 안되고, 팔을 너무 뻗어도 굽혀도 안되고, 상체를 너무 숙여도 세워도 안되고 등 일일이 열거하기조차 힘들 정도로 많다.

골프는 긴 막대기를 가지고 몸 전체를 사용해서 볼을 쳐서 지면에 있는 10.8 cm의 구멍으로 넣는 게임이다. 볼이 공중으로 날아가는 것은 어떻게 결정될까? 제일 중요한 요소는 클럽이 볼에 어떻게 접촉했는지에 따라 결정된다. 물론 클럽의 형태나 샤프트(shaft)의 휘는 점(kick point)*의 위치 또는 볼의 올록볼록한 표면에 의해서도 결정된다. 휨 점이 낮은 클럽은 탄도가 높다. 반면에 휨 점이 높

---

*   클럽 샤프트의 휨 점

은 클럽은 탄도가 낮다. 또 헤드 면과 지면이 이루는 각을 헤드의 로프트(loft)라고 하는데 이 각이 작으면 볼의 탄도는 낮으며, 이 각이 크면 볼의 탄도는 높다.

올록볼록한 표면을 영어로 딤플(dimple)이라고 부르며, 이 딤플 구조의 볼은 공기와의 접촉면에 의해 마찰로 저항과 양력이 생성된다. 저항에 의하여 볼이 좌우로 휘기도 하고 양력에 의해 공중으로 떠오르기도 한다. 만약에 탁구공처럼 표면에 딤플이 전혀 없다면 100m도 날려 보내기가 쉽지 않을 것이다. 초기의 볼은 깃털을 뭉쳐 가죽으로 감싼 볼(feather ball)이었다. 그 후 1845년경 영국의 로버트라는 사람이 고무볼을 만들어 판매하였다. 값은 깃털 볼에 1/4밖에 되지 않으면서 내구력은 훨씬 뛰어났다. 그러나 처음에는 평판이 그리 좋지 않았다. 왜냐하면 볼이 솟구쳤다가 급히 떨어져서 거리가 많이 나가지 않았기 때문이었다. 그러나 이상하게도 새것보다는 돌이나 나무 등에 맞아 헌 볼이 되었을 때가 더 많이 날았다고 한다. 여기에서 힌트를 얻은 어느 구두 수선공이 볼에 그물 모양의 홈을 새김으로써 더 잘 뜨고 멀리 나가는 볼을 만들게 되었다. 이것이 골프볼에 딤플이 생긴 유래이다.

우리가 보기에는 그저 단순한 것처럼 보이는 골프가 처음 해보는 사람들은 배우기가 정말 어려울까? 이론적(운동역학적)으로 깊이 분석해보면 정말 그렇다고 말할 수밖에 없다. 직경이 42.67mm 밖에 안 되는 볼을 긴 막대 끝에 달린 수저면 만큼이나 작은 면으로 정확히 때려야만 한다. 그것도 보내고자 하는 방향으로 스윙이 정확히 진행되어야만 생각했던 곳으로 볼을 날려 보낼 수 있다. 이와 같은 동작을 제어하기 위해서는 온몸의 관절과 근육을 적절히 사용해야 하니 얼마나 어렵겠는가? 그러나 시작과 끝이 좋으면 만족할만한 결과를 만들어낼 수 있듯이(목수가 재목에 먹줄을 띄울 때 시작점과 끝점에 줄을 대고 줄을 손가락 끝으로 살짝 잡아 올렸다 놓으면 일직선으로 중간에는 신경을 쓰지 않더라도 줄이 잘 그어지듯이) 골프스윙도 스윙의 시작과 끝이 좋으면 그 스윙궤도 내에 놓여 있는 볼은 당연히 잘 맞아서 원하는 방향으로 날아가게 된다.

스윙을 할 때는 누구든지 볼을 어떻게 보낼 것인지 먼저 머리에 그려 본 후 스윙동작을 취할 것이다. 물론 너무 연습이 안돼서 볼을 맞히는 것조차 어려운 사람들은 그러한 이미지를 갖는다는 것이 거의 불가능하겠지만, 이러한 이미지의 조건에는 거리, 방향, 궤도 등과 같은 3가지 요인의 결합이 요구된다. 골퍼들은 누구나 코스의 상황에 따라서 적절한 샷을 선택할 수 있다. 그러나 자신의 능력을 스스로 평가하는 것이 쉽지 않다. 설사 자신의 능력을 제대로 발휘할 신체적 능력을 가지고 있을지라도 정신적인 문제를 적절하게 조절하기가 쉽지 않다.

아무튼 골프를 잘 하기 위해서는 우선 스윙을 이해하는 것이 무엇보다 중요하다. 효율적인 스윙을 위해 질문하고, 확인하고, 교정하고, 지속적으로 연습하는 과정이 꼭 필요하다. 효율적인 스윙은 실수를 줄이는 중요 열쇠이다. 어떻게 하면 효율적인 스윙을 만들 수 있을지가 모든 골퍼들의 과제다. 좋은 스윙을 습득하기 위해서 그립 잡기에서 스윙에 이르기까지 거쳐야 하는 여러 단계가 있다. 각각의 단계는 다음 단계의 동작으로 이어져서 영향을 주기 때문에 어느 한 단계에 문제가 있으면 결과도 좋지 않을 수밖에 없다.

좋은 스윙을 만들기 위해서 가장 기본적인 것은 힘의 원천에 대해서 이해할 필요가 있다. 성경에 나오는 다윗과 골리앗의 싸움에서 어린 다윗이 돌팔매로 골리앗의 이마를 명중시켜 싸움을 승리로 이끈 성서의 이야기에서 돌팔매의 모습을 상상해 보자. 돌을 끈으로 묶어 빙빙 돌리다가 놓아서 골리앗의 이마를 명중시킨 돌팔매의 힘의 원천은 어디에 있을까? 말할 것도 없이 손에 있다. 돌에 있는 것이 아니다. 손으로 돌을 가속시켜 큰 에너지를 발생시킨 것이다.

골프스윙에서는 스윙활동의 중심이 되는 몸에 있는 것이다. 몸 부위 중에서도 지면에 가장 가까운 발에 주목할 필요가 있다. 손과 팔은 돌팔매의 끈에 해당하고 클럽헤드는 돌에 해당한다. 따라서 손과 팔이 동작을 이끄는 것이 아니라 신체가 그 일을 해야 하는 것이다. 몸에서도 땅에서 가까운 부위에 힘의 원천이 있다. 힘은 왼발에서 시작하여 무릎, 엉덩이, 어깨, 팔, 클럽헤드에 이르는 순서를 지켜야 최대의 힘으로 볼을 가격할 수 있다.

야구선수의 투구 동작을 관찰해 보면 신체의 각 부분의 동작의 순서도 각기 다르다는 것을 알 수 있다. 먼저 몸에 해당하는 엉덩이와 어깨를 돌려서 몸을 비틀어 에너지를 비축한 다음 왼발을 딛고 몸을 풀면서 맨 마지막에 볼을 던진다. 골프스윙도 비슷하다. 물론 부분적으로 관절에 의해서도 힘을 얻기도 하지만 가장 큰 힘은 체중이동과 몸의 꼬임에 의해서 얻게 되는 것이다. 근력이 매우 약한 노인의 경우는 할 수 없이 관절을 활용하고 중력을 이용하여 에너지를 만들어 내는 것이 유리하겠지만 청장년과 중년의 경우는 몸통의 근력을 활용하는 것이 좋다.

2. 그립의 종류

① 오버래핑그립(overlapping grip)
② 인터로킹그립(interlocking grip)
③ 텐핑거스그립(ten fingers grip)

클럽을 잡는 방법은 여러 가지가 있을 수 있다. 그 중에서 지금까지 많은 사람들이 취하는 방법은 다음의 3가지로 요약될 수 있다.

① 오버래핑그립(overlapping grip)은 해리 바든(Harry Bardon)이라는 사람이 고안했다고 바든 그립(Bardon grip)이라고도 한다. 오른손의 새끼손가락을 왼손의 검지 위에 놓는 방법(오른손잡이의 경우)으로서 이 그립은 비교적 손가락이 긴 골퍼들이 많이 사용한다.

② 인터로킹그립(interlocking grip)은 오른손 새끼손가락을 왼손의 검지와 엇갈려 끼워 잡는 방법으로서 비교적 손가락이 짧은 경우에 많이 사용한다.

③ 텐핑거스그립(ten fingers grip)은 야구 그립 모양이라 일명 베이스볼그립(baseball grip)이라고도 하는데, 열 손가락을 모두 그립에 대어 잡는 방법이다. 어린이나 손힘이 약한 여자들이 사용

하는 경우가 있다. 그러나 손가락을 다쳐서 이 그립으로 골프를 하는 아마추어를 본 적이 있는데, 그는 손이 크고 힘이 있는 근육질의 체형이었음에도 이 그립으로 전혀 문제없는 좋은 구질을 만들어 내었다.

3. 그립의 기능적 형태

① 뉴트럴그립(neutral grip)
② 스트롱그립(strong grip)
③ 윅그립(weak grip)

같은 그립이라도 잡은 형태에 따라서 기능이 달라질 수 있다. 왼손의 엄지를 그립의 중앙보다 약간 오른쪽에 놓아 잡는 방법을 뉴트럴그립(neutral grip) 또는 스퀘어그립(square grip)이라고 한다. 조금 오른쪽으로 더 많이 돌려 잡았을 때 스트롱그립(strong grip)이라고 한다. 마지막으로 뉴트럴그립보다 왼쪽으로 돌려 잡는 방법을 윅그립(weak grip)이라고 한다. 그립방법은 골프그립을 왼손 두번째 손가락의 둘째 마디에서 새끼손가락 바로 위쪽 손바닥에 걸쳐 대각선으로 놓고 잡는다. 오른손은 손바닥을 목표방향으로 하여 오른손 바닥 골과 왼손엄지 뿌리를 맞대어 잡는다. 그립을 잡은 왼손 엄지 뿌리와 샤프트(shaft)는 평행선을 이루어야 한다.

그립형태에 따른 구질의 특징은 "향상편"을 참고하기 바란다.

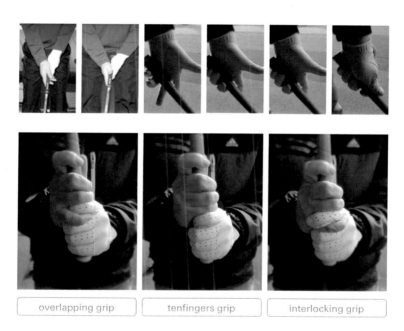

| overlapping grip | tenfingers grip | interlocking grip |

〈그림3〉 그립하기

4. 어드레스(Address)

① 등을 곧게 펴고 약간 엎드린다.

② 클럽을 바닥에 댄다(앞뒤가 지면에 닿게).

③ 편한 그립을 한다.

④ 무릎은 약간 구부리나(무릎은 유연함을 느낄 정도) 발등과 이은 수직선을 넘지 않게 한다.

⑤ 엉덩이를 뒤로 뺀다(발뒤꿈치와 수직으로 이은 선 보다 뒤에 있어야 한다). 체중은 각각 양발등이 위치하는 곳에 둔다.

⑥ 턱은 약간 떼고 목뼈(경추)에 허리뼈(요추)까지 곧게 편다. 양 팔은 경직되지 않은 느낌을 가지면서 쭉 편다.

⑦ 그립과 내 몸과의 거리를 자신의 주먹 크기의 1.5배쯤 뗀다.

⑧ 수직으로 내려다보았을 때 왼손의 중간 너클(knuckle)이 보이게 한다.

⑨ 왼손 엄지와 집개 손가락에 의해 만들어진 "V"자의 꼭지점은 턱과 오른쪽 어깨 사이를 가리킨다.

⑩ 오른손 엄지와 집개 손가락에 의해 만들어진 "V"자의 꼭지점은 오른쪽 어깨를 가리킨다.

⑪ 양발을 어깨넓이만큼 벌린다(왼발 끝은 15~20° 정도 열고 오른발은 목표 선에 직각).

〈그림4〉 어드레스 감각 익히기와 어드레스(앞)

어드레스*는 놓인 볼에 대하여 볼을 칠 준비를 하는 단계를 말한다. 어드레스의 좋고 나쁨에 따라서 동일한 동작을 행하더라도 결과가 전혀 다르다. 볼의 위치에 따라서 어드레스의 방법도 다를 수 있다.

클럽을 잡고 클럽헤드의 밑면을 모두 대었을 때 불편하지 않은 만큼 몸을 숙인다. 무릎은 적당히 굽히고 엉덩이(hip)도 약간 내밀고 등은 굽지 않도록 쭉 편다. 그리고 턱도 목에서 약간 떼는 것이 스윙에 도움이 된다. 옛날 골프교본을 보면 백스윙 때 왼 어깨를 넣기 위해서 턱을 뗀다고 쓰어 있었는데, 이것은 목이 긴 서양 사

---

* 볼을 치기 위한 준비 자세

람들을 대상으로 한 경우이고, 우리 한국 사람들에게 꼭 적합한 내용은 아니다. 턱을 떼는 것은 단지 경추(목뼈)에서 요추(허리뼈)까지 이은 선을 가급적 반듯하게 펴주라는 의미로 해석하는 것이 옳다. 그립을 쥔 손과 몸의 거리는 주먹이 한 두 개 정도 들어갈 정도의 간격을 유지한다. 시선을 지면에 수직으로 떨어뜨렸을 때 그립의 앞 끝을 지나가도록 하면 적당하다.

　볼을 왼발 뒤꿈치에 마주한 앞면에 위치시키는 것을 원칙으로 한다. 전통적 스탠스방법은 이 상태에서 오른발로 클럽의 길이에 따라 보폭을 줄이거나 늘리는 방법이다. 또 다른 방법은 상황에 따라서 볼을 스탠스 안쪽으로 이동시키는 방법이다. 두 방법 모두 드라이버를 비롯한 우드와 롱아이언은 왼발 뒤꿈치에 볼을 위치시키나 미들아이언을 비롯한 숏아이언은 두 번째 방법의 경우 스탠스의 중간에 볼을 위치시킨다. 그러나 특별한 상황이 아니면 스탠스의 중간을 지나서 오른발 쪽에 치우치지 않는다. 짧은 클럽일수록 보폭을 좁혀야 체중이동 때 발생될지도 모르는 실수를 막을 수 있다.

　골프에서 취하는 스탠스는 드라이버의 경우는 자신의 어깨 폭(바깥쪽)만큼 벌리며, 아이언의 경우는 양 겨드랑이만큼 벌린다. 그러나 클럽의 크기에 따라서 그 폭을 더 넓히거나 좁힌다. 즉 긴 클럽은 보폭을 넓히고 짧은 클럽은 보폭을 좁힌다.

발의 모양은 볼의 옆면에 왼 어깨를 목표 쪽으로 향하게 하여 두 발을 모으고 서서 왼발부터 적당히 발을 벌리고 자세를 잡는다. 이 때 유연성이 좋은 사람은 오른발을 목표선과 지각으로 놓고 왼발은 직각에서 20-30° 발끝을 밖으로 돌린다. 유연성이 부족한 사람은 "V"자형의 스탠스로 양발끝을 밖으로 벌리고 어깨 넓이만큼 벌린 자세를 취한다.

그립은 오버래핑그립이나 인터로킹그립 또는 텐핑거스그립 중 자신이 편한 그립을 선택하면 된다. 위의 세 가지 그립 법은 수많은 골퍼들에 의해 오랫동안 시행착오를 겪은 후에 일반화된 그립 법이므로 이 세 가지 중에 한 가지를 선택하는 것이 좋을 것으로 생각된다.

왼손으로 먼저 클럽을 잡는다. 그립 끝에서 새끼손가락까지 오른 엄지와 검지 두 개를 붙인 정도만큼 남겨 놓고 잡는다(그립 끝에서 약 1~2cm 내려서). 그립 끝이 손끝까지 오게 잡으면 클럽을 다루기가 어렵다.

왼손의 엄지와 검지 사이의 "V"자 홈의 꼭지점이 목과 오른쪽 어깨 사이를 향하게 하고 지면을 수직으로 내려다보았을 때 가운데 너클(knuckle)과 두 번째 너클이 보이게 잡는다. 다음에는 오른손 바닥의 골이 파인 부위를 왼손 엄지 옆에 대고 클럽을 잡는다. 오른손의 엄지와 검지가 만든 "V"자의 꼭지점이 오른쪽 어깨를 향하게 한다.

그립의 위치는 왼 허벅지 안쪽에 위치시킨다. 정면에서 보았을 때 클럽과 두 팔이 이루는 모양이 영문자의 소문자 "y"자로 보이게 한다. 긴 클럽으로 바뀌면서 점점 대문자 "Y"자의 모양으로 변하는 경향이 있다. 왼손목과 손등은 직선을 이루게 한다. 이 때 주의할 것은 두 팔은 자연스럽게 지면에 수직으로 내려서 그립을 한다. 간혹 클럽 샤프트와 팔을 일직선으로 하여 그립을 하는 사람이 있는데 이것은 잘못된 어드레스 자세이다.

그립끝과 몸의 거리는 주먹 하나 반 정도이다. 그 간격이 지나치게 넓으면 일정한 궤도로 스윙하기 어렵다. 반대로 몸에 너무 가까이 밀착되면 스윙을 충분히 할 수 없게 된다. 어드레스 시 왼 어깨와 수평을 이루기 위해서 의도적으로 오른 어깨를 올리려고 하지 않는 것이 좋다. 왼손보다 오른손을 내려 잡았기 때문에 오른쪽 어깨가 약간 처져 있는 것은 자연스러운 것이다. 그러나 스스로 의식하면 지나치게 오른쪽 어깨가 지나치게 낮아질 수 있으니 주의해야 한다.

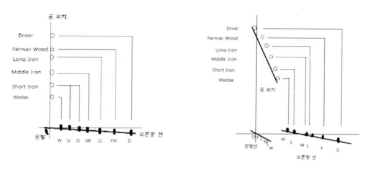

〈그림5〉 어드레스 시 볼 포지션과 스탠스 2가지 방법

5. 테이크백(Take Back)*

① 양 겨드랑이를 약간 조인다.

② 클럽헤드를 약 30cm 볼 후방 직선으로 뺀다.

③ 왼어깨와 클럽헤드를 동시에 뺀다.

④ 오른쪽 팔꿈치는 스윙과 더불어 점점 굽힌다.

⑤ 시선을 볼에서 떼지 않는다.

---

* 백스윙의 초기 동작으로 테이크어웨이(take away)라고도 함

〈그림6〉 테이크백 앞옆

테이크 백이란 골퍼가 어드레스에서 볼을 치기 위해서 클럽을 뒤로 빼기 시작하는 백스윙의 초기 단계이다. 우리말에 "시작이 반이다."라는 말이 있듯이 초보자에게는 테이크백을 어떻게 하느냐에 따라 스윙궤도가 결정된다고 하여도 과언이 아니다.

대부분의 초보자들은 클럽을 오른손으로 당기면서 백스윙을 한다. 그러나 왼어깨를 고정시킨 상태에서 당기게 되므로 어깨가 척추를 중심으로 회전되지 않아서 클럽헤드가 위로 들어 올려 져서 백스윙 궤도가 타깃라인(target line)*보다 밖으로 만들어진다. 그 결과 타격한 후에 클럽헤드는 왼쪽으로 지나가기 때문에 볼을 밖에서 안쪽으로 깎아 치게 된다. 따라서 볼은 오른쪽으로 회전하면서

---

* 공과 타깃을 이은 가상의 선

공기의 저항을 받아 우측으로 휘어 날아가게 된다. 또는 오른손으로 너무 안쪽으로 몸통 주위를 회전시키므로 회전 반경이 너무 작고 지나치게 지면과 평행에 가까운 지나친 플랫스윙(flat swing)이 된다. 이런 경우는 볼을 지나치게 감아 치게 되므로 급히 왼쪽으로 휘는 볼이 되거나 심하면 볼을 가격하기조차 어려울 수 있다.

 테이크백은 왼손으로 클럽헤드를 볼의 후방 30cm 정도 직선으로 끄는 동작으로서 충분하다. 백스윙에서 설명하겠지만 이 상태에서 어깨는 회전시키고 양손은 어깨위로 들어 올리고 왼손의 엄지손가락을 위로 꺾어 올리면 백스윙이 완결되는 것이다. 테이크백을 하면서 오른 팔꿈치가 자신의 우측 골반 뼈를 가리키도록 하여 팔꿈치가 날개처럼 벌어지지 않도록 하는 것이 좋다. 다음 동작인 백스윙의 정점에서 오른 어깨가 지나치게 위쪽으로 들려 올라가고 왼 어깨가 지나치게 내려갈 수 있다. 왼쪽 옆구리가 굽혀지면서 몸통 회전에 방해될 수 있다.

6. 백스윙(Backswing)

① 클럽헤드를 볼 후방으로 30cm 정도 뺀다.

② 왼팔은 편다는 느낌을 갖는다.

③ 하프스윙 전까지는 오른쪽 팔꿈치는 오른쪽 골반을 가리키게 한다.

④ 머리가 상하 또는 좌우(클럽에 따라 차이가 있을 수 있음)로 움직이지 않게 한다.

⑤ 클럽샤프트가 지면과 평행할 때 목표방향과도 평행해야 한다.

⑥ 백스윙의 정점 시 그립은 오른쪽 어깨 모서리 위에 위치시킨다.

⑦ 등이 목표 방향을 향할 때까지 돌린다.

⑧ 백스윙의 정점에서 오른손바닥은 하늘을 향한다.

⑨ 백스윙의 정점에서 왼손엄지는 엄지 쪽으로 꺾인 상태여야 한다.

백스윙은 전체 스윙동작에서 차지하는 비중이 매우 크다. 어떤 지도자는 백스윙(back swing)이 차지하는 비율이 전체 스윙의 80%는 된다고 말하기도 한다. 백스윙이 없이는 다운스윙(down swing), 임팩트(impact), 피니시(finish), 어드레스(address) 등이 아무 의미가 없다. 백스윙동작이 좋으면 좋은 볼을 칠 확률이 높아진다. 백스윙의 모양에 따라서 볼의 구질이 바뀔 수 있다.

　백스윙이 진행됨에 따라 오른 팔꿈치는 점차 굽혀져야 한다. 만약 팔을 굽히지 않는다면 몸을 충분히 회전시키는 것이 불가능할 것이며 스윙궤도도 나빠질 수밖에 없다. 왼팔은 가급적 펴서 몸통을 꼬아서 백스윙이 이루어지도록 한다. 배꼽을 오른쪽으로 회전다고 생각하면 체중도 오른쪽으로 잘 이동되고 백스윙을 위한 축이 확실히 만들어지므로 체중을 왼쪽에서 오른쪽으로 옮기는 데에 끝나지 않고 골프스윙에서 요구되는 동작인 몸을 비틀어 꼬는 동작이 수월하다. 주의할 점은 하체를 고정시키고 팔만 들어 올리고 몸통을 꼰 것으로 착각해서는 안된다. 또 다른 방법으로 하프스윙까지는 왼팔로 밀고 나머지 동작은 오른팔로 끌어당겨서 어깨 위에서 백스윙의 정점을 만든다. 이때는 몸통의 등 부위(back)가 목표방향을 향하도록 몸통을 충분히 꼬아야 한다.

클럽헤드면이 전면을 향하게 한다.

시선을 유지한다.

양팔꿈치가 지면을 향하게 한다.

오른쪽 무릎이 밀리지 않게 한다.

〈그림7〉 백스윙 시 체크포인트

〈그림8〉 백스윙의 여러 모습

기본에 충실한 **알토란 골프**

〈그림9〉 백스윙의 연속 동작

7. 다운스윙(Downswing)

① 왼발을 축으로 하는 스윙을 한다.

② 마치 그립 끝으로 볼을 찍으려는 듯이 출발한다.

③ 그립을 클럽헤드보다 먼저 출발시킨다는 느낌으로 시작한다.

④ 몸을 어깨와 클럽이 일체된 체로 회전시킨다.

다운스윙은 백스윙의 탑에서 클럽을 내리는 과정이다. 이 과정도 매우 중요한 동작으로서 볼의 구질에 절대적인 영향을 준다. 이 과정이 좋으면 볼을 똑바로 멀리 보낼 수 있다. 다운스윙을 시작할 때 클럽헤드보다 손이 앞서서 내려오게 해야 한다. 다시 말해서 왼팔과 샤프트가 이루는 "L" 자 형의 각을 유지하면서 적어도 그립의 끝이 볼을 가리킬 때까지는 내려와야 한다. 이 동작은 매우 중요해서 아무리 강조해도 지나치지 않다. 또 중요한 동작은 어깨가 척추를 축으로 하여 "十" 자 형태로 회전되어야 한다. 만약에 자동차 바퀴가 지면에 직각으로 세워져 있지 않다면 구르는 것이 일정치 않아서 불안정할 것이며 따라서 속도도 낼 수 없을 것이다.

〈그림10〉 다운스윙의 여러 모습

8. 임팩트(Impact)

① 체중을 왼발에 딛고 행하기
② 볼 뒤에 머리 위치시키고 행하기
③ 시선을 볼에서 너무 일찍 떼지 않기
④ 양 팔을 뻗어서 순간적으로 타격하기

임팩트(impact)는 클럽헤드로 볼에 접촉시키는 순간으로 이때의 접촉형태에 따라서 볼의 방향이나 거리가 결정된다. 물론 이와 같은 결과는 이전 동작에 의하여 결정된다. 클럽헤드의 날(leading edge)을 목표 방향으로 볼과 직각(square)이 되게 접촉시키기 위해서는 다운스윙 시 클럽헤드가 지나치게 바깥쪽이나 안쪽에서 볼에 접근하지 않아야 한다. 테이크백에서 말했듯이 대부분의 초보자들은 클럽헤드가 바깥쪽에서부터 볼에 접근되는 경향이 있다. 그 결과 슬라이스볼(slice ball)이 만들어지게 된다. 어느 정도 숙련된 골퍼들은 반대로 안쪽에서 바깥쪽으로 접근시켜 결국 훅볼(hook ball)을 유발시키는 경향이 있다.

체중이 실린 상태에서 볼과 클럽헤드가 접촉되면 임팩트가 강하게 이루어져서 결국 볼이 멀리 날아갈 것이다. 따라서 효과적인 체중이동이 어떤 것인지 이해해야 한다. 다시 말해서 골프스윙을 위

한 가장 적절한 몸의 틀을 유지하면서 체중을 이동시키는 요령을
터득하여 반사적으로 동작이 이루어질 때까지 숙련시키면 볼을 멀
리 바르게 날릴 수 있게 된다.

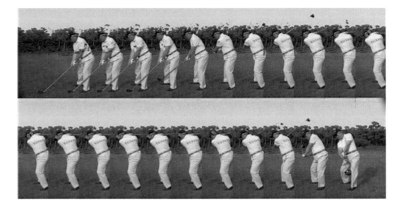

기본에 충실한 **알토란 골프**

〈그림11〉 임팩트 전후의 앞뒤 모습

9. 팔로우(Follow)

① 멈추지 않고 진행한다.

② 어깨에 긴장을 풀고 몸이 돌아가는 대로 클럽도 회전하게
한다.

③ 클럽헤드의 끝 토우(toe) 부분이 위를 향하게 한다.

④ 양 어깨와 샤프트가 이루는 각이 90도가 되게 한다.

⑤ 왼 팔꿈치는 자연스럽게 접히도록 내버려 둔다.

모든 운동에 적용되는 관성의 법칙 중의 하나인 "움직이고 있는 물체는 계속 움직이고 정지하고 있는 물체는 계속 정지하려 한다."는 운동법칙이 있다. 만약에 클럽헤드와 볼이 접촉 순간에 멈춰 버린다고 가정해 보면 볼에 힘이 실리지 않음은 물론이고 볼의 방향성도 좋지 않을 것이다. 모든 운동경기에서 동작이 목표에 도달하는 순간 멈춰버리는 운동기술은 특별한 경우를 제외하곤 거의 없다. 이때에도 동작이 진행방향으로 조금이라도 이동될 수밖에 없다.

결국 볼을 가격하기 위한 동작은 클럽헤드와 볼이 접촉하는 순간이 최종목표가 아니라 그 동작이 완전히 끝날 때가 최종목표가 된다. 볼은 단지 클럽헤드가 지나가는 궤도 선상에 있었기 때문에 클럽헤드에 맞아서 날아가는 것이다. 팔로우스윙(follow swing)이란 운동을 진행방향으로 멈추지 않고 계속해서 진행시키는 것을 말한다.

임팩트 후 야구 투수가 볼을 던지고 난 다음에도 손동작이 목표를 향하고 있는 것처럼 오른팔을 쭉 뻗으면서 목표 방향으로 팔로우를 하는 것이 중요하다.

머리는 공뒤에 위치시킨다.

삼각형

클럽의 토오를 위를 향하게
한다.

배꼽과 이어진 샤프트선을
직선으로 하여 목표를
향하게 한다.

왼무릎을 버팅긴다.

오른발 뒤꿈치를 땅에서 뗀다.

〈그림12〉 팔로우스윙 시 체크포인트

〈그림13〉 팔로우스윙의 과정

10. 피니시(Finish)

① 날아가는 볼을 바라본다.
② 히프가 뒤로 빠지지않게 한다.
③ 배꼽이 목표방향을 향할 때까지 몸을 회전시킨다.
④ 오른쪽 어깨가 목표를 향하게 한다.
⑤ 오른 무릎을 왼 오금에 접근시킨다.
⑥ 오른발 뒤꿈치를 든다.

피니시는 동작을 마무리하는 단계로서 이전 동작이 효율성을 가지려면 피니시동작이 중요하다. 백스윙과 피니시동작 사이에 볼이 놓여 있으므로 볼이 맞아 날아가는 것이다. 피니시동작은 스윙의 궤도를 유지시키기 위한 중요한 동작이다. 앞에서 설명한 팔로우스윙의 완전한 마무리 단계에 해당된다. 좋은 피니시동작은 이전의 동작들이 원만히 이루어졌음을 의미하는 것이다.

머리를 볼 뒤에 두고 양손은 왼 어깨 위쪽에 위치시키려고 하면 이전 동작의 실수가 비교적 적을 수 있다. 또한 엉덩이를 돌려서 배를 목표방향으로 향하면서 피니시를 하여야 체중을 이용할 수 있다. 좌우의 엉덩이는 목표방향에 직각으로 향해 엉덩이선이 비뚤어지지 않게 하여 몸이 충분히 돌아가도록 피니시동작을 하여야 좋은 자세다. 또 뒷발의 뒤꿈치가 들려 있는 상태로 우측 무릎이 좌측오금에 가볍게 밀착되게 하여 체중이 거의 모두가 왼발 쪽으로 이동되어야 한다. 또 오른쪽 어깨가 목표를 향하게 해야지 클럽 헤드가 목표를 향하는 것이 아니다. 양 팔꿈치의 간격이 너무 벌어지지 않은 모습이 되어야 아름답다. 시선은 목표방향을 응시한다.

〈그림14〉 피니시 앞뒤 모습

11. 리듬(Rhythm)

① 서두르지 않는다.
② 동작을 느리게 한다.

③ 천천히 복식호흡을 한다.

④ 클럽에 볼을 싣고 스윙하는 느낌을 갖는다.

⑤ 목표에 집중한다.

초보자들은 물론 중·상급자들까지도 스윙에 관한 고민이 있다면 리드미컬하게 스윙하기가 매우 어렵다는 것이다. 지금까지의 자신의 운동 경험과 욕심이 진정으로 골프가 요구하는 골프의 리듬을 가로막는 경우가 빈번하다. 우리는 지금까지 운동이라면 "더 빨리, 더 높이, 더 멀리"의 관념이 머리 안에 꽉 차 있다. 골프스윙에 별로 도움이 되지 않는 관념이다.

골프스윙은 부드럽고 물 흐르듯이 유연하게 몸통을 회전시키는 것이다. 클럽헤드로 볼을 때리려 하지 말고 스윙 중에 볼이 가격되도록 노력하는 것이다. 다시 말해서 클럽헤드로 볼을 때려서 볼을 튕겨 보내려고 하지 말고 클럽헤드가 볼을 가지고 가듯이 쳐야 한다. 볼을 클럽헤드에 태워 보낸다고 표현하면 이해가 쉬울지 모르겠다. 테니스를 배워본 사람은 스트로크에서 "볼을 라켓에 오래 붙여서 가지고 가라."는 말을 들어 본적이 있을 것이다. 이때와 비슷한 느낌이다. 비록 클럽으로 볼을 때리므로 볼이 클럽보다 앞서 나아가는 것이 사실이지만, 볼보다 클럽이 앞서 나아가는 느낌이 들도록 하면 좋다. 클럽과 볼을 달리기를 시켰을 때 볼이 당연히 클럽을 이기겠지만 "클럽을 1등 시키고 볼을 2등 시킨다"는 이미지로 스윙하는 것이라고 말하는 지도자도 있다.

12. 얼라인먼트(Alignment)[*]

① 볼 후방 2–3m 뒤에서 볼과 목표선과 이은 선상 10m 안에 어떤 흔적을 정한다.
② 흔적과 볼과 이은 선과 평행하게 양발을 딛고 어드레스 자세를 취한다.
③ 목표를 향해 정확하게 자세를 취했다고 스스로 믿는다.
④ 긴장을 푼다.

골프스윙은 머리로만 할 수 있는 것이 아니므로 골프스윙을 단시간에 습득할 수 없다. 동작이 익숙해지기까지는 수많은 동일한 동작을 반복해서 연습해야만 된다. 거의 모든 운동종목이 다 마찬가지지만 단순한 동작 하나라도 그것을 수행하기 위해서 많은 이

---

* 공을 치기 위해 목표 방향으로 정렬해 준비하는 자세

론적인 준비가 필요하다. 수많은 동작의 이론적 기초들을 압축해서 표현하는 것이 동작일 수도 있다.

골프는 결국 몸으로 하는 운동이지만 두뇌(brain)로 하는 비율이 매우 큰 운동이다. 어떤 골퍼들은 절반 이상은 머리로 하는 운동이라고 말할 정도이다. 그럼에도 불구하고 골프는 결국 몸으로 하는 운동이다. 머리로 이해하는 것도 물론 쉽지 않겠지만 아무리 단순한 동작일지라도 몸을 자신의 생각대로 언제 어디서나 정확하게 표현하는 것은 더욱 쉽지 않다. 수년 동안 수많은 연습을 통하여 시행착오를 거쳐서 비로소 동작이 잡혔나 하면 금방 되지 않는 것이 골프스윙이다. 끊임없이 훈련하여 몸으로 체득하여 몸이 스스로 반응하는 경지까지 와야 한다.

처음에는 볼 하나하나 칠 때마다 고려해야 할 사항들이 무척이나 많게 느껴지지만 연습 회수를 거듭함에 따라 생각의 수는 줄어들고 결국 동작은 반사적으로 이루어지게 된다. 초기에는 놓인 볼에 대하여 완전치 않을지라도 유사하게 동작을 하게 된다. 연습의 기간과 양에 따라 완성도가 높은 동작을 이루게 된다. 골프연습을 꾸준히 하다 보면 볼을 칠 때 필요한 여러 가지들이 스윙 이미지로 자연스럽게 이어진다. 이러한 경험이 누적되면서 매 스윙 때마다 고려해야 할 사항들도 차츰 줄어들어서 결국 단순하게 된다.

얼라인먼트(alignment)는 먼저 볼 뒤에서 볼을 보낼 목표와 볼과 연장선상의 또 다른 목표점을 잡아야 한다. 될 수 있으면 볼에서 멀지 않은 곳이면 겨냥하기 편하다. 필자의 경우에는 볼 앞 5m 안팎에서 목표를 찾으려고 한다. 물론 그 이상이 될 때도 또는 그 이내가 될 때도 있다. 그러나 가상의 목표가 너무 멀면 볼이 날아갈 방향과 내 몸을 나란히 정렬하기가 어렵다. 어드레스에 따라서 볼에 주어지는 회전(spin)이나 볼의 탄도가 달라지기 때문에 프로들은 어드레스 시 스탠스를 달리 함으로서 볼에 변화를 준다. 얼라인먼트에 따라서 스윙궤도가 약간씩 달라지기 때문이다. 그러나 골프 기술이 높은 수준에 도달하기 전까지는 복잡하게 생각하지 말고 목표라인과 양발, 엉덩이, 어깨를 나란히 하도록 하면 된다.

가상의 목표를 정하는 요령은 볼 뒤에 정면으로 서서 클럽을 들어 올려서 볼과 목표를 이은 선상에 어떤 흔적을 찾는다. 그 흔적은 연습장에서는 매트 위의 부러시(brush)에 그어진 선일 수 있으며, 아니면 앞에 떨어진 다른 볼일 수도 있다. 필드에서는 다른 골퍼가 파 놓은 뗏장자국(divot)* 일수도, 낙엽일 수도, 아니면 유난히 길게 자란 잔디일 수도, 아니면 부러진 나무 티펙(tee peck)** 조각일수도 있다.

---

* 잔디에서 공을 치면 땅이 파이는데 이것을 말함
** 티샷 시 공을 올려놓는 작고 가늘한 나무 조각

가상의 목표를 정했으면 비구선(볼이 날아가는 방향)에 볼과 어깨, 발, 엉덩이를 나란히 하고 선다. 이 때 두 발을 모으고 서면 몸을 목표 방향과 평행이 되도록 정렬하기 훨씬 쉽다. 7번 아이언(iron)으로 앞의 과정을 거쳐 어드레스를 한다. 볼은 왼발 뒤꿈치보다 볼 한두 개 정도 안쪽에 놓고 오른발을 벌려서 보폭을 어깨보다 약간 좁게 한다.

〈그림15〉 목표 정하기

13. 스윙(Swing)

① 클럽과 왼 어깨를 동시에 오른쪽으로 약30cm 정도 민다.

② 어깨를 척추를 중심으로 회전시킨다.

③ 완성된 백스윙에서 왼손등이 앞면을 향하게 한다.

④ 오른쪽 무릎이 오른쪽으로 밀리지 않도록 버틴다.

⑤ 완성된 백스윙에서 왼손목과 왼손등이 일직선이 되게 한다.

⑥ 백스윙에서 임팩트까지 머리의 높이를 일정하게 한다.

⑦ 볼을 친 후에도 동작을 멈추지 말고 동작을 계속 진행한다.

⑧ 동작이 끝난 후 몇 초간 마무리 동작을 유지한다.

골프에서는 스윙에 대해 아무리 강조해도 지나치지 않을 만큼 중요하므로 기회가 있을 때마다 중복되는 설명을 하지 않을 수 없음을 이해하기 바란다. 단지 설명의 방법이 간혹 다를 수 있다.

앞에서 설명했듯이 초보자들은 백스윙 시 오른팔로 클럽을 들어 올리는 경우가 많다. 이러한 백스윙은 클럽헤드가 볼을 오른쪽에서 왼쪽으로 깎아 치는 궤도를 만들기 때문에 볼이 오른쪽으로 휘어지게 하는 원인이 되는 경우가 많다. 숙련된 사람은 반대로 백스윙을 지나치게 안쪽으로 끌어당겨져서 왼쪽으로 휘어지게 하는 원인이 되기도 한다.

왼팔을 볼의 후방으로 밀어서 오른 겨드랑이가 떨어지려고 할때, 즉 왼 어깨의 이동이 어려울 때에 의식적으로 어깨를 꼬아서 백스윙을 완성한다. 이때 척추가 왼쪽으로 꺾이지 않고 비스듬한 옆면이 만들어져야 한다. 많은 잘못된 스윙의 경우에 왼 어깨는 오른쪽으로 이동시키지 못하고 팔만 위로 높이 올려서 몸의 왼쪽 면이 꺾이곤 한다. 가급적 왼 어깨를 오른 허벅지 위에 위치하도록 노력한다. 이때 오른 무릎은 옆으로 밀리지 않게 하여 어드레스 때의 모습으로 잘 버텨 주어야 한다. 자연히 긴장은 오른 허벅지 안쪽에 크게 느껴진다. 백스윙이 완성되었을 때 왼손목은 엄지 쪽으로 꺾어야 한다. 손등 쪽으로 꺾지 말아야 한다.

다운스윙은 그립이 마치 볼을 치러 가듯이, 그립이 클럽헤드를 앞서는 느낌으로 시작하여 그립의 끝이 볼을 꼭 찍는 느낌이 왔을 때 꺾였던 손목을 풀면서 볼을 때린다. 클럽헤드는 볼에 접촉한 다음에는 오른쪽 어깨가 목표 방향을 가리키게 한다. 여기에서 클럽헤드의 토우(toe)*가 위로 향하게 하여 왼쪽 귀와 어깨 사이로 올려서 팔에 힘을 빼고 스윙을 끝내면 이것이 피니시이다. 스윙하는 동안 클럽의 그립은 자신의 몸 정면에 두어 그립과 양 어깨가 스윙하는 동안 거의 삼각형이 유지되게 한다.

---

* 헤드 면의 앞 끝

Part 02
심리편

골프게임이 이루어지는 과정을 살펴보면 먼저 골프에 관련된 기술을 습득해야 한다. 간혹 자신은 레슨을 오랜 기간 받지 못했지만 라운드를 많이 해서 지금에 이르렀다고 말하는 사람들이 있다. 이러한 사람들은 골프에 관한 재능이 많은 사람들일 것이다. 그러나 대부분의 골퍼들은 지도자에게 오랜기간 배우면서 뼈를 깎는 연습을 통해서 안정된 골프스윙을 만들고 이것을 바탕으로 플레이를 할 수 있게 된다. 이렇게 안정된 스윙을 만든 다음 집중력, 자신감, 각성(약간의 긴장상태), 불안, 간섭(혼돈) 등의 심리적 문제들을 처리하는 능력을 높여야 좋은 스코어를 만들 수 있다. 이 장에서는 플레이 중에 발생되는 심리적 문제에 대하여 미리 대책을 세워서 경기 상황을 나에게 유리하게 이끌어 나가게 하는데 목적이 있다.

1. 뇌에 골프동작을 기억시키자

① 골프스윙은 순서적으로 기억된다.
② 골프 뇌신경망을 골프와 유사한 동작보다 우선 구축시킨다.
③ 시작 때부터 정확히 배운다.
④ 바른 몸통동작 연습에 집중한다.

우리가 어떤 행동을 했다는 것은 우리의 뇌에 어떤 형태로든 흔적을 남긴 것이다. 뇌에 깊고 굵은 흔적을 남길 수도 있고 얇고 엷은 흔적을 남길 수도 있다. 이 말은 어떤 동작이든지 뇌신경망에 기록된다는 말과 같다. 골프스윙을 배운다는 말도 뇌에 골프스윙을 위한 신경망을 구축한다는 말과 같다. 즉 눈을 통해서 보고 분석하여 필요한 정보를 선택하여 뇌에 저장한다. 이러한 정보는 골프스윙이라는 동작덩어리로 저장되어서 골프스윙을 상상만 해도 클럽을 잡고 휘두르는 동작이 저절로 이미지되는 것이다. 그 다음은 뇌에서 근육에 명령을 내려 반응하게 하는 것이다. 다시 말해서 골프를 배운다는 말은 골프스윙이라는 이미지를 뇌에 저장해서 나에게 필요한 동작을 선택하여 표현하게 하는 과정을 습득한다는 뜻이다.

골프동작은 순서적으로 이루어지기 때문에 스윙의 각 단계도 순서적으로 기억된다. 따라서 반응할 때에도 이 순서에 의해서 반응해야지 그렇지 않으면 그 결과도 만족스럽지 못하게 나타난다. 세계적 프로골퍼들에게 개인 선생이 있는 것도 이러한 순서적 기억들이 순서에 따라 표현되도록 감독하고 불필요한 동작이 끼어들지 않도록 막아 주는 역할을 하기 위해서이다. 기억을 해야 하는 단계마다 올바르게 기억하고 필요한 동작을 효율적으로 표현하게 하기 위한 것이 지도자의 역할이라고 보면 된다.

야구나 테니스를 한 사람이 골프볼을 큰 실수 없이 쳐냈다고 하자. 이것은 골프스윙과 유사한 야구나 테니스스윙의 신경망을 통한 반응이지 결코 골프스윙에 의한 것이라고 볼 수 없다. 물론 골프스윙과 유사할수록 쉽게 적응할 것이다. 그러나 어느 단계에 이르러서는 이러한 유사한 운동의 배경이 자신의 골프스윙에 장애가 될 때가 올 수도 있음을 기억해야 한다. 골프스윙 외의 다른 스윙의 신경망이 고급수준의 골프스윙을 할 때 도움이 되지 않는 상황에 도달하게 될지도 모른다. 왜냐하면 스윙 중에 골프스윙 신경망과 다른 운동동작의 신경망과의 사이에서 갈팡질팡하는 상황이 나타날 수 있기 때문이다.

어릴 때부터 골프를 바르게 시작한 사람은 실수를 해도 악성실수를 하지 않는 이유가 골프스윙을 위한 신경망이 아주 단단하게 만들어져서 골프스윙 외의 다른 어떤 스윙을 위한 신경망이 개입할 여지가 없기 때문이다. 나이가 들어서 골프를 익히는 사람들은 이미 유사한 다른 스윙의 신경망이 뇌에 자라잡고 있기 때문에 새로 배운 골프스윙과 기존의 유사한 스윙의 신경망 사이를 오가면서 일관된 스윙을 어렵게 하기 때문이다. 가능하면 오랜 기간 레슨을 받아서 골프스윙 신경망이 다른 어떤 스윙동작보다 우선할 수 있게 골프스윙 신경망을 강화시켜야 한다.

좋은 골프스윙은 반복연습을 통해서 뇌에 영구적으로 기억되는

데, 기억시키는 초기과정 때 정확한 동작을 입력시켜야 한다. 그렇지 않으면 잘못된 동작이 영구적으로 저장될 수 있다. 이렇게 저장된 기억을 우리는 "나쁜 버릇"이라고 말한다. 잘못된 동작을 아무리 반복해서 열심히 연습하더라도 원래의 동작과 완전히 똑같게 할 수는 없다. 단지 비슷하게 할 수 있을 뿐이다. 골프스윙도 마찬가지로 아무리 많이 반복해서 연습할지라도 완전하게 할 수는 없을 것이다. 젓가락질을 잘 못하는 성인을 연상해 보자. 어설프고 이상하다. 그러나 그런대로 잘 먹는다. 그렇지만 아무래도 어려서부터 제대로 배운 사람만큼은 능숙하지 못하다. 처음부터 잘못된 동작으로 익힌 젓가락질은 연습에 의해서 영구히 기억되었으나 바른 동작이 아니었기 때문에 제대로 배운 젓가락질만큼은 잘하지 못하는 것이다. 우리 속담에 "세 살 버릇 여든 간다."는 말과 같이 좋은 골프스윙을 위해서는 시작할 때부터 바르게 습관을 들여야 한다. 골프동작은 신체의 각 부위의 동작을 총동원해서 이루어지는 것이므로 각 부위가 정확하게 동작하도록 하기 위한 오랜 기간의 훈련이 부족하다면 어디에선가 문제가 생길 수밖에 없다.

또 골프에서 오랜기간 연습해야 하는 이유로서 다른 운동에 비해서 손의 역할 못지않게 몸의 역할도 크기 때문이다. 대부분의 초보자들은 몸통보다 손을 먼저 사용하려고 한다. 이것은 이미 손의 신경망이 뇌에 단단히 자리 잡고 있기 때문이라는 의미이기도 하다. 골프동작은 반드시 몸통 사용이 손보다 우선해야 한다. 우리의 몸은 일상적인 생활에서 몸통을 사용하는 동작이 손처럼 많지 않기 때문에 손에 비해 몸통에 관련된 신경망이 제대로 형성되어 있지 못하다. 당연히 충분히 연습도 하지 못한 상태에서 볼을 치는 골프동작을 할 때 몸통보다 손이 우선하게 된다.

좋은 골프스윙은 지나친 손의 사용을 적절하게 절제하고 부족한 몸통의 사용을 적절하게 활성화시켜야 만들어진다. 골프스윙은 이전에는 존재하지도 않았던 뇌신경망을 새로 구성해야 한다. 새로운 신경망이 단단하게 구성되기까지에도 오랜기간이 필요하다. 또 훈련 중에 유사한 다른 동작으로부터 나쁜 습관이 쉽게 옮겨진다. 이러한 이유로 골프동작은 오랜기간 동작을 수정하는 행위를 하지 않고는 만들어지지 않는다.

2. 골프스윙을 나누려 하지 말자

① 골프스윙은 몸 전체로 배운다.
② 작은 동작도 큰 동작처럼 몸 전체로 한다.
③ 동작을 끊지 않는다.

운동을 배우는 방법 중에 전습법과 분습법이 있다. 전습법은 동작 전체를 나누지 않고 하나의 덩어리로 학습하는 방법이고 분습법은 동작을 세부적으로 나누어서 동작의 단계마다 나누어서 배우는 방법이다. 동작 자체가 명확히 구분된 동작은 이와 같은 분습법으로 배우는 것이 좋겠지만 골프스윙처럼 동작이 끊어지지 않고 이어지는 동작은 전습법의 방법으로 배우는 것이 옳은 방법이다.

골프스윙은 하나의 스윙이다. 하나의 스윙을 나눈다는 것은 애초부터 잘못된 발상이다. 나누어서 배워야 하는 운동 동작은 신체의 각 부위가 각기 움직여야 하는 동작들은 부분별로 동작을 습득하고 이것들을 연결하는 과정을 거쳐야 한다. 골프의 경우는 하나의 동작이므로 하나의 동작을 나누어서 습득하고 다시 연결한다는 것은 골프 본래의 속성에 반하는 교육법이다. 따라서 초보자들은 골프스윙의 전체를 연습하면서 조금씩 동작을 수정해나가는 것이 옳은 습득과정이다. 수영의 경우는 다리동작을 익힌 다음 팔동작을 익혀서 이 두 동작을 연결하는 교육과정을 거친다. 이 종목의 경우는 팔다리가 따로 움직이므로 나누어서 배우는 것이 효과적일 수밖에 없다. 또 테니스서브의 경우에도 볼을 토스(toss)*하는 과정과 스윙을 하여 볼을 치는 과정을 나누어서 교육받는 것이

---

*   서브를 위해 공을 던져 올리는 행위

유리할 것이다. 그러나 라켓으로 스윙을 하여 볼을 때리는 동작은 분리하지 않아야 한다. 창던지기에서도 달리는 기술과 던지는 기술을 나누어서 배울 수 있겠지만, 던지는 기술만 보아서는 나눌 아무런 근거도 없다. 마찬가지로 골프에서도 나누어서 배울 근거가 빈약하다. 억지로 나눈다면 백스윙과 다운스윙을 분리할 수 있을까? 이것도 다운스윙을 하체와 몸으로 리드(lead)하지 못하는 경우에나 필요할 것이다. 이것도 엄밀히 말해서는 나누지 말아야 한다. 왜냐하면 정확한 골프스윙은 백스윙의 정점에 도달하기도 전에 체중이 왼다리로 이동되면서 다운스윙을 준비하게 되므로 동작이 끊이지 않고 계속 이어져 있는 것이기 때문이다.

3. 지도자의 손을 통해 배우자

① 말보다 몸으로 배운다.
② 몸동작은 지도자의 손을 통하면 빠르게 취득된다.
③ 말에 의한 몸의 위치 정보는 오차가 크다.
④ 지도자의 최소한의 터치는 불가피하다.
⑤ 손을 통하지 않은 말만의 지도는 신뢰감이 떨어진다.

지도자가 말로 "이렇게 하세요.", "저렇게 하세요." 하고 요구하면 학습자는 자기 나름대로 따르려고 노력한다. 결국 자신은 바르게 동작을 취했다고 생각한다. 자신은 바르게 했는데 지도자가 잘못 가르쳤기 때문에 잘 안 맞은 것이라고 책임을 지도자에게 전가하려는 경향이 있다. 결과가 좋으면 자신이 바르게 동작했기 때문이라고 믿겠지만, 실패했을 때는 지도자를 탓하게 되는 경우가 많다. 골프스윙이라는 동작은 예민한 동작이므로 성공보다는 실패가 더 많기 때문이다.

말을 통한 지도는 학습자와 지도자 사이에 신체의 각 부위의 위치에 대한 감각에 차이가 생기기 때문에 정확한 동작을 위해 더 많은 시행착오가 요구된다. 예를 들어 손의 위치를 알려준다고 하자. "조금만 더 높이, 아니 조금 아래로" 등등, 너무 많은 시행착오를 겪은 후에야 비로소 바른 위치를 알게 된다. 그 동안 학습자는 뇌에 여러 신경망을 활성화시켰다가 지우고 하는 과정 중에 깨끗이 지워지지 않은 것도 있을 수 있어서 손의 위치가 부정확하지만 손으로 지도하면 단번에 손의 위치를 알게 할 수 있다. 학습자는 손 위치 하나만 기억하면 되기 때문이다. 따라서 학습자는 동작이 잘 안될 때는 지도자의 손을 통한 학습을 요구해야 한다.

4. 잘못된 고정관념을 바꾸자

① 골프스윙은 극기의 노력에 의해서만 만들어진다.
② 원 포인트 레슨은 일시적이다.
③ 골프스윙의 틀을 만들어야 한다.
④ 잘못된 연습은 영원히 좋은 스윙을 할 수 없게 만든다.
⑤ 이전까지의 골프에 대한 상식이나 지식은 모두 버린다.

성인의 경우 지금까지 생활하면서 터득한 스윙동작들과 지식으로 자기 나름대로 스윙동작을 분석하고 판단하는 경향이 있다. 이러한 고정된 사고는 생각이 단단히 굳어져 변화에 동참하지 않으려는 고정화된 틀이다. 이 틀이 바르게 형성되었다면 환경의 변화에 영향이나 내부의 심리적 갈등에도 동요하지 않고 운동을 성공적으로 수행하겠지만, 그 틀이 잘못 형성되었다면 새로운 신경망이 자리 잡기까지 엄청난 노력이 필요하다. 이런 이유로 상급자들은 작은 스윙 하나를 고치는 데에도 긴 기간이 필요한 것이다. 난공불락의 요새와도 같은 올바른 골프의 틀을 많이 만들면 어떤 환경변화에도 영향 받지 않고 플레이를 잘 할 수 있을 것이다. 원 포인트 레슨(one point lesson)*을 받고 나면 당시에는 잘 되는듯하다가 어느 정도 기간이 지나면 다시 원래대로 돌아간다. 이러한 단기적 레슨에 의존하는 것은 임시방편적일 수는 있어도 영구적인 자세 교정은 되지 않는다. 장기적인 레슨으로 뇌에 신경망이 단단하게 자리 잡도록 하여야 할 것이다.

초보자는 이전에 만들어진 골프스윙과 유사한 굳어진 신경망 때문에 올바른 새 신경망을 구축하는 것을 허용하지 않으므로 어려움을 겪게 된다. 자신의 생각에 비추어서 자신의 생각대로 스윙을 한다. 이 때 자신의 동작은 골프스윙과 유사한 동작이거나 아니면 덜 다듬어진 골프 동작이기 때문에 거의 대부분 옳지 않다. 오죽하면 자신이 하고 싶은 생각에 무조건 반대로 하면 옳다는 말이 있을 정도이겠는가?

골프를 정식으로 배우기 전의 비디오 매체를 통해서 본 골프스윙에 관한 경험은 아직 정확하게 걸러지지 않은 정보이기 때문에 동작을 똑같이 모방할 수 없다. 연습을 거듭하면서 실패의 원인을 극복하기 위해서 평생 얻은 지식을 총동원하여 자신이 생각하는 스윙을 하려고 한 노력이 어쩌면 자신의 뇌신경망을 옳지 않게 강화시켜 언젠가는 바른 동작으로부터 먼 곳에 머물러 있게 할 수도 있

---

*   일회성 레슨

다. "처음 일주일의 골프스윙이 자신의 평생골프스윙이다."라는 말
이 있을 정도이니 처음부터 바르게 배워야 한다.

5. 선입견을 이용하자

① 슬라이스나 훅을 피하려는 자세가 위험을 초래할 수 있다.
② 티샷 지역 선택 시 위험한 쪽을 선택한다.
③ 직선 볼을 선호하지 말자.
④ 휘는 볼도 유용하다.

볼을 쳤는데 오른쪽으로 슬라이스볼(slice ball)*이 되어 경계를 자
주 벗어난 경험이 있는 초보골퍼는 오른쪽 공간을 확보하기 위하
여 왼쪽으로 볼을 치는 경우를 종종 본다. 그 결과는 더 큰 슬라이
스가 나게 되는데 이 이유는 클럽페이스(club face)**는 목표를 향한
채로 스탠스만 왼쪽을 향했기 때문에 더 큰 슬라이스가 나는 것이

---

* 타구된 공이 오른쪽으로 휘어 나가는 공
** 골프채의 클럽헤드 면

다. 이러한 방법은 중·상급자들이 의도적으로 페이드볼(fade ball)*을 만들 때 이런 자세를 활용한다. 오히려 위험한 지역으로 약간 치우쳐서 스탠스를 취하는 경우 거의 본능적으로 클럽페이스는 왼쪽을 향해서 볼이 위험에 빠지지 않는 경우가 많다. 의도된 자세라면 드로우볼(draw ball)**을 구사할 때 사용한다. 또 티박스(tee box)에서 티를 꽂을 때도 위험지역으로 치우치면 볼은 위험지역에 빠지지 않을 가능성이 더 높다. 티를 위험지역 쪽에 치우쳐 꽂으면 위험지역으로 향해 볼을 치는 행위는 잘 일어나지 않는다. 왜냐하면 이때는 플레이어는 반대쪽보다 더 위험한 지역을 향하게 되기 때문에 이 방향을 피하기 위하여 무의식적으로 더 넓은 공간이 확보되는 안전한 방향으로 향하게 된다는 것이 교습자들의 공통적 견해이다. 이러한 사례가 골프에서의 선입견을 이용한 전략이라고 보면될 것이다.

직선으로 날아가는 볼은 보기에는 화려하지만 부러워할 필요까지는 없다. 일화로 볼을 치기만 하면 슬라이스가 나는 골퍼, 훅이 나는 골퍼, 똑바로 가는 골퍼 셋이서 자신들의 구질의 원인에 대해서 하느님에게 물으러 갔다. 슬라이스와 훅을 내는 골퍼에게는 당

연하고 바른 구질이라고 대답하고 볼이 직선으로 똑바로 나가는 골퍼에게는 기적이라고 답변했다는 우스개소리가 있듯이 거의 모든 골퍼는 볼이 어느 방향으로든지 휘는 것이 정상이다. 다만 휘는 정도의 크기가 문제가 되는 것이다. 심한 슬라이스나 혹만 아니면 직선타구보다 더 좋은 점수를 만들어 내는 데 더 유리할 수 있다. 페어웨이에 볼을 떨어뜨리고자 할 때에 직선으로 볼을 치는 골퍼는 중앙을 겨냥해야 하기 때문에 50%만 벗어나면 볼이 어려운 상황에 놓일 수도 있다. 한편 휘는 볼을 치는 골퍼는 페어웨이 가장자리를 겨냥하면 되므로 페어웨이를 벗어날 확률이 훨씬 적다. 어차피 되지도 않을 일에 불필요한 시간만 투자하는 행위가 될 수도 있음을 이해하고 자신의 구질을 잘 이용하는 것이 나을 수도 있다.

6. 작고 명확한 목표를 선택하자

① 마지막에 본 것이 자신의 목표이다.
② 작은 목표를 택한다.
③ 시선을 끄는 목표를 선택한다.
④ 시선을 잡는 위험한 상황들은 쳐다보지도 말아라.

⑤ 긍정적인 목표를 선택한다.

⑥ 목표에 시선을 오래 유지한다.

⑦ 스윙을 끝까지 한다.

먼 거리의 목표는 그 목표에 정확하게 정렬하여 자세를 취하기조차 어렵다. 그래서 목표선과 이은 가상의 목표를 볼과 가까운 거리에 정해야 한다. 목표가 가깝기 때문에 몸을 정렬하기가 용이하다. 또 목표가 가깝기 때문에 선명하게 잘 보인다. 잘 보이므로 정신도 집중하기 좋다. 목표는 작고 명확해야 한다. 작고 명확한 목표는 뇌 신경을 강하게 자극시켜 집중력을 높이기 때문에 성공할 확률이 높아진다. 현장에서 캐디가 오른쪽 벙커와 왼쪽 페어웨이(fairway)* 가운데를 겨냥하라는 말보다는 우측 큰 나무 한 그루를 또는 모래통을 겨냥하라고 구체적으로 조언하는 것이 좋다. 숏 퍼트** 시에도 구체적으로 홀 2/3, 1/2(가운데) 지점을 겨냥하라고 조언하는 것이 좋다.

목표를 가진 운동을 하는 자는 누구든지 동작 직전에 목표를 보려고 할 것이다. 이것은 본능적으로 결과를 좋게 하려는 동작이다.

---

* 골프코스의 해저드, 러프 등이 제외된 티박스로부터 그린까지의 코스

** 골프경기의 홀은 18홀로 이루어졌으며, 각각의 홀은 공을 이 홀에 넣을 때 끝난다. 이 행위를 퍼트라고 하며, 보통 짧은 거리를 말함

골프도 샷을 하기 직전에 본 것이 목표가 되는 경향이 크다. 프로 들이 플레이하는 것을 눈여겨보아도 이런 모습은 쉽게 목격할 수 있다. 이런 행위는 목표에 대한 뇌신경을 강화하는 무의식적 동작이다. 퍼팅 직전에도 홀의 구체적 목표나 보내고자 하는 지점을 최종적으로 확인하고 퍼트를 하면 도움이 된다. 티샷이나 페어웨이에서의 샷을 할 때도 샷 직전에 최종적으로 목표를 한 번 확인하는 것이 유리하다.

목표를 정하는 것도 부정적이지 않은 목표를 설정해야 한다. 어떤 캐디는 "오른쪽은 오비(out of bound)[*]이고 왼쪽은 워터해저드 (water hazard)[**]이니까 가운데를 보세요."라고 친절하게 안내를 하는데 이때 노련한 골퍼가 아니면 대부분 오비(O.B.)나 워터 해저드로 볼을 쳐 보낸다. 이것은 대부분 부정적인 목표가 뇌신경을 자극하여 뇌가 활성화되어 "그쪽으로 볼을 보내지 말아야지." 하고 다짐을 하였건만 자신도 통제할 겨를도 없이 그쪽으로 동작이 이루어진다. "우리의 뇌는 긍정적인 생각만 근육에 전달한다."고 한다. 따라서 하지 말아야지 하는 부정적인 생각은 전달되지 않는다.

타깃은 볼만이 아니다. 많은 초보자들은 볼을 정확히 치기가 쉽

---

[*]   out of bound의 약자로 경계구역을 벗어났다는 의미
[**]   강이나 호수로 조성된 장애 지역

지 않으니까 볼을 치자마자 역할을 다했다고 생각하여 다음 동작인 팔로우스윙(follow swing)*과 피니시(fiish)**를 확실히 하지 않는 경향이 있는데 동작을 끊지 말고 진행방향으로 해야 한다. 골퍼 자신의 완성된 최종 스윙 목표는 피니시이다. 큰 스윙에서는 큰 피니시를 해야 하고 작은 스윙에서는 작은 피니시를 해야 한다. 결국 피니시가 나의 스윙의 최종 목적지가 되는 것이다. 또 다른 목표로서는 외부적인 목표, 즉 내가 볼을 보내려는 목표이다.

안정되게 볼을 클럽에 실어 목표에 도달시키려면 클럽과 몸이 이루는 각도가 급격히 변하지 않게 하여야 한다. 가급적 동일한 각도를 유지한 채 임팩트(impact)***를 맞이해야 한다. 자신의 몸을 정확히 꼬았다 푸는 동작만 할 수 있다면 목표에 대한 문제가 별로 어려운 문제가 아니겠으나, 훈련되지 않은 골퍼들에게는 쉽지 않은 문제이다. 이 이유는 눈에 보이는 2개의 목표 때문에 볼과 보내고자 하는 목표는 골퍼의 뇌신경을 분산시켜 서로 간섭을 하므로 스윙이 방해를 받기 때문에 초보골퍼의 경우는 볼을 치고 동작이 끊어지거나 또는 볼은 보지도 않고 목표만을 바라보면서 스윙을 하다가 실패하는 경우가 많다. 고도로 훈련된 프로골퍼들은 볼은 보지도 않

---

* 공을 때린 힘과 방향으로 이어지는 동작
** 골프스윙의 마지막 동작
*** 공이 클럽헤드와 접촉하는 순간

고 치는 것 같아도 정확히 맞은 볼은 목표로 정확히 날아가는 것을 흔히 볼 수 있다. 이것은 목표에 영향을 받지 않을 정도로 스윙의 틀이 잡혔기 때문이다. 초보자라고 할지라도 팔로우스윙 직전 때까지만이라도 시선을 볼에 고정시킬 수 있으면 몸과 볼과의 거리를 일정하게 유지시키는 데에 도움이 되므로 좋은 스윙을 하는 데 도움이 된다.

다운스윙 때 하체를 먼저 움직이면 볼과 눈의 거리가 쉽게 변하지 않지만 상체를 먼저 움직이면 그 거리가 변하기 쉽다. 즉 백스윙 시는 거리가 멀어지고 다운스윙 시는 거리가 가까워지는 경향이 있다. 다운스윙 시 거리가 가까워지면 뇌에서는 볼과 스윙궤도 간의 거리가 너무 가까우니 까 몸을 뒤로 빼라든지 아니면 팔을 움츠리라는 명령을 근육에 내려 거리를 맞추게 한다. 몸을 뒤로 빼면 일명 "배치기 스윙"이 되는 것이다. 대개는 가장 뇌신경이 발달한 팔 동작을 수정해서 볼을 맞춘다. 이것도 저것도 되지 않을 때 더핑(duffing)* 나 토핑(toffing)**을 내기도 한다. 하체가 리드하는 스윙은 몸이 설사 왼쪽으로 나가더라도 볼과 눈의 거리를 일정하게 유지만 한다면 심각한 문제가 발생되지 않기 때문이다.

---

* 뒤 땅 치기
** 공의 상부를 쳐서 공을 띄우지 못하는 동작

7. 골프정보를 줄이자

① 눈에 보이는 정보를 줄인다.
② 긍정적인 정보만을 사용한다.

눈으로 본 정보는 신경써서 기억하지 않으면 20초 내외 동안만 지속된다. 이렇게 기억이 지속되는 정보는 눈에 보인 수많은 정보 중에서 뇌신경을 활성화시킨 정보들이다. 이때의 기억은 오래 지속되지 않기 때문에 단기기억이라고 불린다. 반대로 영원히 기억되어 있는 기억은 장기기억이라고 불린다. 어떤 동작은 감각기관으로부터 얻은 정보를 걸러서 짧게 기억하였다가 필요할 때 사용한다 (편의상 이 저장 공간을 단기기억저장고라고 함). 또 어떤 동작은 장기기억되었던 정보를 꺼내서 동작에 옮기게 된다. 즉 어떤 동작을 행하기 위해서 일단 장기기억으로 저장되었던 기억도 일단 인출하여 단기기억저장고에 대기시켰다가 적합한 형태로 생각을 정리하여 근육으로 명령을 내려서 동작을 하게 한다. 단기기억저장고는 운동이라는 행위를 진행하기 위한 명령을 받는 단계라고 말할 수 있다.

안정된 골프스윙은 장기기억에 해당할 것이며 클럽을 들었을 때 클럽에 대한 느낌이나 연습스윙 때의 신체분절의 위치에 대한 지식이나 느낌 그리고 긴장감이나 두려움은 단기기억에 해당된다. 단기기억저장고가 부정적인 정보로 가득 차 있으면 다음 동작으로 진행하지 못한다. 예를 들면 "이 드라이버는 오늘 처음 가지고 나온 것인데 잘 맞을까?", "레슨 받은 대로 동작이 잘 되어야 할 텐데 그렇게 되지 않으면 어쩌나?", "앞서 티샷한 친구는 거리가 많이 나갔는데 나는 그 친구보다 덜 나가면 어쩌나?", "이 퍼트가 안 들어가면 더블보기인데 걱정이네." 등등 이런 잡념들로 머릿속이 채워져 있으면 절대 좋은 동작을 만들어 낼 수 없다.

골프코스에는 눈에 들어오는 정보가 무수히 많다. 페어웨이, 벙커, 해저드, 나무, 구름, 바람, 낙엽 또는 나뭇잎, 경사면, 디보트 (divot)*, 동반자, 갤러리 등등 이렇게 많은 정보를 모두 기억하고 골프스윙을 하면 효과적인 동작을 할 수 없다. 골프샷을 할 때 대부분의 정보는 무시되고 7개 안팎의 정보만 기억된다고 한다. 그렇지만 이때 기억된 정보들을 모두 고려하면서 골프스윙을 할 수 없다. 볼을 치기 전 어드레스 시에 대부분의 정보를 이용하고 나머지 한 두 개 정도의 정보만 스윙 중에 이용한다. 정보의 숫자가 적을수록 집중도도 높아지기 때문에 볼을 치기 직전에는 오직 목표에만 집중하는 것이 중요하다.

---

* 　전에 플레이어가 동을 친 자리로 클럽에 의해 파인 작은 구덩이

8. 집중력을 유지하자

① 현재상황에만 집중한다.
② 긍정적인 생각만 한다.
③ 명확한 목표를 선택한다.
④ 퍼팅 시는 볼에 표시를 해서라도 집중력을 높인다.
⑤ 평정심을 잃지 않는다.
⑥ 높은 숙련도는 몰입도 쉽게 한다.

가끔이긴 하지만 많은 관중으로 꽉 찬 야구장에서 우리나라 양궁선수들이 연습을 한다. 이것은 실재 갤러리가 있는 상황을 연출한 형태도 되지만 많은 관중의 움직임이나 소리에도 불구하고 오직 타깃에만 집중하는 집중력을 키우는 훈련과정이다. 만약 관중들의 움직임이나 소리에 민감하게 반응한다면 활시위를 놓을 수 없을 것이다. 윔블던 테니스(Wimbledon Tennis)* 같은 메이저 경기를 하는 것을 보면 코트사이드(courtside)**를 바꿀 때를 제외하곤 관중은 경기 중에 이동하지 못하게 되어 있다. 또 서브 시에는 어떠한

---

* 영국에서 개최되는 테니스의 메이저 대회
** 진영

소리도 내지 않고 조용하다. 골프에서도 샷이나 퍼트를 할 때도 주위의 동반자나 갤러리는 정숙해야 하는 것이 예의이다. 이러한 행위들은 모두 집중력과 관련된 것이기 때문이다.

집중을 한다는 것은 현재 상황에 대한 것이다. 어느 누가 현재 직면한 일이 있음에도 불구하고 과거의 일에 집중하는 사람은 없을 것이다. 골퍼도 볼을 치려는 순간만큼은 현재의 상황에 집중해야 한다. 만약 "과거의 이 상황에서 실수했는데, 성공해야 할 텐데"라고 생각이 과거에 잡혀 있으면 좋은 결과를 만들어 낼 수 없다. 즉 단기기억 공간에 부정적인 생각이 자리 잡게 되어 골프 스윙동작을 방해하기 때문이다. 골프코스에는 수많은 정보가 난립해 있기 때문에 우선 눈에 보이는 정보들을 정리하여 필요한 정보만을 선택해야 하고 다음은 상황에 맞는 자신의 동작을 찾아서 실행해야 한다.

집중한다는 말은 정신을 차려 자신이 할 일에만 몰두한다는 의미이다. 즉 단기기억저장고에 있는 약 6, 7개의 기억정보 중에서도 특정한 것에 집중하는 것을 말한다. 자신의 플레이와 관계가 없다면 골프코스의 여러 상황들은 그냥 스쳐지나갈 것이다. 예를 들면 내 앞을 지나가던 자전거 하이킹 일행 중 누가 넘어졌다면 나하고 관계가 없더라도 그 넘어진 사람이 집중적으로 눈에 들어올 것이다. 전에는 "여러 명의 일행이 지나가고 있다."라는 단순하고도 일반적인 상황에서 "누가 넘어졌네.", "다치지는 않았을까?", "구급차를 불러야 하나?" 그 넘어진 사람에게 관계되는 생각으로 단기기억 공간이 채워지게 될 것이다. 처음에는 지나가는 하이킹 족에서 넘어진 한 사람에게 주의가 집중되었다가 사고 상황이나 사고 처리에 관한 일로 관심이 옮겨가기 시작한다. 하이킹을 하던 일행들은 눈에 들어오지도 않고 넘어진 사람에게만 관심이 집중된다. 즉 뇌의 단기저장고가 대부분 넘어진 사람으로 채워지게 된 것이다.

주의집중은 가장 중요하고도 최근에 발생된 사건에 더 잘되는 경향이 있기 때문에 골퍼는 본인이 중요하다고 생각되는 스윙이미지를 마지막으로 연상하고 스윙을 한다면 도움이 될 수도 있을 것이다. 그러므로 스윙 직전에 최종적으로 목표를 한 번 더 보거나 스윙이미지를 한번 해보고 샷을 하는 것은 도움이 된다. 반대로 부정적인 기억을 가지면 전과 같은 동일한 실수를 할 확률이 높아진다.

목표를 여러 개로 정하면 집중력이 분산되기 때문에 어드레스 시에 본인이 하려고 하는 목표의 수를 최소로 줄여야 한다. 그리고 한 번에 한 목표만 생각하면서 플레이에 임해서 잡념이 개입될 여지를 줄여야 한다. 또 지나간 샷이나 앞으로 일어날 일들을 예측하면서 플레이 하는 것보다는 오직 목표지점으로 볼을 보내는 스윙에만 전념해야 한다. 대부분의 아마추어 골퍼들은 앞의 홀의 결과가 다음 홀까지 생각이 남아 있거나 9홀이 끝났을 때 아직 하지도 않은 남은 9홀의 점수를 예측하는 경우가 있는데, 이것 또한 집중력을 떨어뜨리는 요인이 될 수 있다. 잘 맞은 자신의 볼이 만약 깊이 파인 디보트(divot)에 빠졌다면 속상하지 않을 수 없을 것이고 이어서 걱정이 앞서게 될 것이다. 이런 상황에도 인내하고 참고 견디면 집중력이 떨어지지 않아서 좋은 기회가 온다고 말하는 지도자가 있다. 반대로 어떤 지도자는 결과에 대해서 울분을 강하게 표현해야 속이 후련하고 마음에 남는 것이 없어서 더 나은 플레이를 하게 된다고도 한다. 어떤 방법으로 집중력을 잃지 않고 플레이를 유지하는지는 개인차에 따라 다르겠지만, 골프는 극도로 예민한 운동이므로 외부로 속풀이 하듯 표현하는 것은 동반자들에게도 부정적인 영향을 줄 수 있고 갤러리에게도 무례한 모습으로 비춰지기 때문에 긴 심호흡을 해서라도 내적으로 불만을 해소하는 방법을 택하는 것이 골프라는 운동에 더 적합한 것 같다. 그 상황만 잘 넘기면 평정심을 곧 회복하게 될 것이다. 게임을 포기하지 않고 최선을 다한 플레이는 과거의 실수 따윈 쉽게 잊게 되며, 결국 18홀을 다 마쳤을 때는 좋은 결과가 날 것이다.

　단기기억저장고에 집중할 대상이 입력되면 입력된 이 대상의 각성된 기억이 이곳을 떠나지 않고 여기에 잘 머무르게 하기 위해서는 관심이 현재에만 머물러 있게 하여야 한다. 관심을 현재에 잡아두기 위해서는 우선 평정심을 잃지 말아야 한다. 평정심은 관심을 현재에 머물게 하는 데에 꼭 필요한 필수요소이기 때문이다. 스윙 직전에 말을 하는 행위조차도 평정심 유지에 방해가 될 수 있으니 스윙 전에는 말을 줄이고 목표에만 집중해야 한다.

집중할 대상을 선정할 때도 흥미나 관심을 끌 정도의 자극이 되는 대상을 정하는 것이 필요하다. 어떤 때는 너무 흥미를 끌지 못하는 대상을 선택해서 어드레스 시에 그 목표를 잃어버리는 경우가 종종 있다. 집중할 목표를 정할 때도 막연하게 큰 목표를 정하는 것보다는 작고 분명한 목표를 정하는 것이 좋다. 앞에서도 언급했듯이 왼쪽 다섯 그루 나무 중 3번째 나무를 겨냥한다든지 앞 화단의 특정한 꽃나무를 정하는 것과 같이 구체적이고 확실한 목표를 정해야 집중이 잘 된다. 또 퍼트 시에 볼에 그어진 로고나 줄을 그어서 집중대상으로 삼는 것도 긍정적인 효과를 줄 수 있다.

이와 같이 목표를 정했으면 집중을 극대화하여 단기기억저장고를 집중 대상으로 꽉 채워야 하는데, 이때를 우리는 몰입이라고 말한다. 이 상태에 놓이게 되면 플레이어를 방해하는 여러 가지 방해요소들이 뇌에 침투할 수 없게 된다. 이 상태가 외부 영향을 가장 받지 않는 무념무상의 상태가 되는 것이다. 당연히 플레이 결과도 가장 좋게 나타난다. 국내 모 방송국 MC와 인터뷰에서 박인비 선수가 LPGA(미국 여자 골프 협회)의 커리어 그랜드 슬램(career grand slam: 2015년)[*]을 달성한 후 이번 커리어 그랜드 슬램 도전경기는 전년도 때에 비해서 편안하게 경기를 할 수 있었으며, 그 이유는 경기에만 집중할 수 있었기 때문인 것 같다는 요지로 말을 했다. 이러한 심리 상태는 단순한 집중을 지나 몰입상태에 도달한 것으로 거의 무상무념 상태로 경기에 임했다는 것이다. 이러한 몰입 상태는 최상의 집중 상태로 훈련을 통해서만 시간이 길어진다. 훈련되지 않으면 오래지 않아 곧 잡념이 개입해 주의가 산만하게 된다. 이러한 집중력을 높이려면 열심히 연습하여 골프동작에 숙련되어야 한다. 숙련은 외부의 방해정보를 차단하는 능력을 강화시키므로 몰입상태도 길어지게 한다.

9. 방해정보를 차단하자

① 과거의 좋지 않았던 경험을 생각하지 않는다.
② 거리에 대한 욕심이나 홀에 대한 책임감을 갖지 않는다.
③ 현재만을 생각한다.

＊　US여자 오픈, KPMG 여자 챔피언십, RICOH 브리티시 여자 오픈, ANA 인스퍼레이션(구 크래프트 나비스코 챔피언십) 4대 대회

④ 옳은 정보일지라도 스윙에 방해될 수 있다.

　단기기억저장고로 인출된 정보는 정확한 정보가 대부분이겠지만 때로는 부정확한 정보도 있다. 부정확한 정보는 동작에 방해를 준다. 예를 들어 아무리 옳은 정보라 할지라도 어드레스 중 "이 홀은 길기 때문에 드라이버 거리를 길게 내야 한다든지, 좌측과 우측이 오비(O.B.)이니까 조심해야 한다든지 좌우 벙커를 조심해야 한다든지"등의 부정적인 정보는 물론이고 심지어 긍정적인 정보일지라도 집중을 방해할 수 있는 어떤 생각이나 조언도 간섭(intervention)으로 작용할 수 있다. 특히 과거에 좋지 않았던 기억을 상기하면서 "이번에는 전처럼 하지 말아야지."하는 다짐조차도 좋지 않은 결과로 만들어지기 십상이다. 이러한 과거의 부정적 경험은 당시에 아주 기분 나쁜 감정이 강하게 형성되었기 때문에 정상적 동작을 또다시 방해할 가능성이 높다. 예습을 많이 한 골프 관련 지식이 많은 초보자의 경우도 지식에 의한 간섭을 많이 받을 수 있다. 정확한 동작에 관한 개념을 몸이 알기 전이기 때문에 골프 동작을 위한 뇌신경망이 아직 정확히 형성되지 않은 상태에서 즉흥적으로 새로운 신경망이 쉽게 만들어지기 때문이다.

　프로들도 현장에서 지도하는 것을 보면 베테랑 프로는 말 몇 마디 안하고 꼭 필요한 동작만 지도하는 반면 경험이 부족한 초보 프로들은 자신의 골프지식을 학습자에게 모두 쏟아부으려는 것처럼 레슨을 하는 경우를 종종 본다. 물론 도움이 되지 않는 교육방법이다. 몸동작으로 골프에 접근해야 하는데 머리의 지식으로 접근하여 그 지식이 몸에 배일 때까지 필요이상으로 많은 시간이 걸릴 수 있다. 짧은 시간 내에 많은 정보를 처리해야 하므로 뇌신경망이 단단하게 자리잡기 쉽지 않다. 이로 인해 정보통로가 병목현상이 생겨 여유로운 동작을 할 수 없게 되기 때문이다.

불필요한 정보들이 접근하지 못하도록 막으려면 먼저 현재만 생각해야 한다. 예를 들어 볼과 목표와 이은 흔적을 겨냥했다면 그것에만 집중해야 할 것이고 연습스윙을 하면서 자신의 머릿속도 스윙리듬으로 채워야 한다. 다음은 평소에 연습을 게을리 하지 말아야 한다. 연습은 동일한 동작을 반복하게 하는 정보를 몸이 습득하게 해준다. 결국 연습은 우리의 동작을 자동화시킨다. 동작이 자동화되면 당연히 단기기억저장고로 소집된 정보는 불필요한 다른 정보에 의해 간섭을 덜 받으므로 전과 똑같이 동작하기 쉬워진다.

10. 대뇌를 적당히 활성화시키자

① 적정 긴장상태를 스스로 유지한다.

② 긴장과 이완을 조절한다.

③ 골프규칙을 철저히 지키는 것도 긴장에 도움이 된다.

④ 복식호흡은 지나친 긴장을 낮추는 효과가 있다.

⑤ 긴장 조절능력은 숙련도에 비례한다.

대뇌의 흥분 정도를 각성이나 불안으로 표현한다. 각성과 불안
은 어떤 면에서는 동일한 선상에 놓인 말이라고 볼 수 있다. 다만
심리적으로 느끼는 정도가 크면 불안 쪽에 놓이게 되고 약간 긴장
할 정도에 놓이게 되면 각성상태에 놓이게 된다. 운동 종류에 따
라 각성의 크기도 각각 다르다. 격렬한 격투기는 시합 직전에는 각
성상태가 어느 정도 높여져 있어야 한다. 그러나 지나치게 흥분되
면 근육이 굳어져 제 실력을 다 발휘하지 못할 수도 있기 때문에
상황에 따라서는 흥분을 낮추는 기법이 요구되기도 한다. 골프, 양
궁, 사격과 같은 예민한 운동은 각성수준을 완전히 낮췄다가 적정
수준으로 올릴 줄 알아야 한다. 즉 필요시에는 반복적으로 긴장을
했다가 푸는 기법이 요구된다.

각성의 수준은 수면에서 불안까지의 상태를 말하는데 불안상태

가 지나치면 흥분상태에 놓이게 되어 호흡이 가빠지고 심장박동도 빨라져서 보통 "열 받는다"는 말로 표현되며, 반대로 각성상태가 지나치게 낮으면 지루하게 느껴지거나 따분하게 느껴질 수도 있다. 각성이 높아지면 극소수의 필요사항에만 주의가 집중되며 나머지 사항들은 무시된다. 지나치게 각성수준이 높아지면 활용할 수 있는 정보들에 관한 필요한 정보를 놓치게 될 수도 있다. 반대로 각성이 낮아지면 주의집중이 고르게 배분되어 많은 것들이 인지되므로 결국 집중이 분산되어 집중이 되지 않는다. 즉 각성이 높아지면 한 가지 일에 집중하기 쉬워지고 각성이 낮아지면 여러 대상에 관심이 가므로 행하려는 동작도 여러 가지로 표현될 수 있다. 따라서 일관된 리듬의 스윙이 요구되는 골프에서는 각성수준을 필요한 만큼만 올려야 한다. 그러나 각성수준이 적정한 각성수준을 넘어서면 몸과 마음이 굳어지므로 긴장을 조절하는 자기만의 방법을 갖춰야 할 것이다.

골프에서 동반자들끼리 작은 내기를 하는 경우가 종종 있는데, 이것도 자신들에게 적정한 각성수준을 유지하기 위한 동반자들끼리의 단합이라고 볼 수 있다. 그러나 내기는 긴장감을 올리고 각성수준을 높여서 게임을 재미있게도 하지만, 자신이 감당하지 못할 수준까지 각성하게 하여 심리적 불안상태에 놓여 게임을 망치고 동반자들에게도 좋지 않은 모습을 보이게 할 수도 있으므로 장려

할만한 방법은 아니다. 철저히 규칙을 지켜서 코스를 정복하려는 시도가 바람직한 것이다. 규칙도 모르고 상황에 따른 대처 능력도 없으면서 내기를 하지 않으면 재미없어 하는 플레이어는 골프본연의 맛보다는 도박에 더 즐거워 하는 것이니 주의해야 한다.

적정한 각성수준은 어떻게 유지할 수 있을까? 골프경기는 상황에 따라 성공 아니면 실패의 천당과 지옥을 오가는 심리적 압박이 오가는 경기이다. 가능하면 성공했을 때의 기억만 가질 수 있다면 그보다 좋을 것이 없겠지만, 곧 이어서 실패도 경험하게 될 것이고 따라서 분노하게도 될 것이다. 이때 스트레스를 푸는 방법이 있어야 할 것이다. 어떤 사람은 숨을 길게 들이쉬어서 조절하기도 하고 또 어떤 사람은 하늘의 구름이나 바람에 가볍게 흔들리는 풀잎과 나뭇잎을 보면서 심리적 압박을 견디어 낸다고 한다.

적정한 각성상태를 유지하기 위해서 제일 좋은 방법은 연습을 많이 하여 골프 게임에 익숙해지는 것이다. 익숙해지면 웬만한 상황 변화에 대처할 능력이 갖춰지게 되기 때문에 연습은 골프의 적이나 마찬가지인 부정적인 감정인 지나친 긴장, 걱정, 두려움, 공포 등으로부터 벗어나게 하는 명약과 같은 것이다.

11. 반복해서 연습스윙을 하자

① 스윙의 행동단위를 만든다.
② 감은 과거의 경험이 축적되지 않고는 생기지 않는다.
③ 훈련되지 않은 골프스윙은 단지 골프 볼을 치는 행위에 불과하다.

같은 동작을 많이 반복하면 그 동작에 필요한 요소들을 의식하는 양이 줄어드는 것을 우리는 경험으로 안다. 처음 골프를 접했을 때를 회상해 보면 당시에는 점검해야 할 사항들이 참으로 많았다는 것이 새삼 생각날 것이다. 그립을 할 때, 어드레스 때, 백스윙 때, 다운스윙 때, 팔로우스윙 때, 피니시 때 등 골프스윙에 관련된 모든 요소들을 놓치지 않으려고 애썼다. 그러나 구력이 높아짐에 따라 덩달아 그 많던 점검사항(check point)는 거의 다 사라지고 남은 게 거의 없게 되었다는 것을 인지할 것이다.

거의 대부분의 동작을 느낌으로 하게 된다. 이렇게 무의식적으로 하는 단계를 심리학에서는 행동단위라는 말로 표현한다. 예들들면 밥 먹기에서 숟가락질과 젓가락질하기, 운전하기, 말하기 등 우리생활에 수없이 많다. 이러한 동작들은 행할 때마다 대뇌에서 필요한 근육에게 세세하게 명령을 내린다면 아마도 대뇌신경은 병목현상으로 명령이 근육에까지 도달하지 못하여 일상생활이 불가능하게 될 것이다. 일상생활에 반드시 필요한 동작들은 대부분 행동의 덩어리로 묶여져 있다. 골프를 배워보지 않은 사람이 골프를 치는 동작을 흉내내는 것도 구체화되지 않은 행동단위라고 볼 수 있다. 이때는 추상적 행동단위라고 표현한다.

우리의 뇌는 각각의 신경으로부터 전달된 정보와 뇌에 추상적으로 저장된 정보를 근거로 근육에 명령을 하달한다. 각각의 신경으로부터 전달 받은 경우에는 결과와 비교해 가면서 동작을 더욱 더 정확하게 한다. 뇌에 추상적으로 저장된 정보에 의한 경우의 예로 전혀 골프를 배워본 경험이 없고 잘하지 못하는 경우에도 골프스윙을 비슷하게 할 수 있다. 이러한 동작을 할 수 있다는 것은 골프와 유사한 다른 동작에 의해서 골프스윙동작에 대한 추상적 개념이 만들어져 있기 때문인 것이다. 우리는 이러한 추상적 개념의 동작을 연습으로 갈고 닦아 구체화된 동작으로 변환시켜야 한다. 운동 경험이 많은 사람이 골프스윙을 배우지 않고도 볼을 치는 데 별로 어려움이 없을 수 있겠으나, 만약 계속 자신의 운동신경에만 의존하고 정확한 골프스윙을 익히지 않는다면 높은 수준의 골퍼가 되기 어려울 수도 있다.

56°웨지로 거리를 10m, 20m, 30m, 40m 등으로 나누어서 볼을 칠 수 있는 것도 그 거리에 대한 행동단위가 형성되었기 때문이다.

운동감각을 활용하기 위해서는 먼저 연습으로 행동단위를 만들어 놓아야 한다. 즉 각 거리마다 자동화 시스템을 만드는 노력이 선행 되어야 한다. 과거의 경험이 존재하지 않는 운동감각은 존재할 수 없음을 알아야 한다. 즉 선행노력이 없다면 추상적인 개념에만 의 존하게 되어 정교한 플레이를 못할 수밖에 없다.

12. 좋은 골프스윙의 이미지를 갖자

① 스윙은 세팅에 의해서 결정된다.

② 어드레스 시 오른쪽어깨로 목표를 겨냥한다.

③ 테이크백은 30cm를 직선으로 한다.

④ 백스윙의 완성은 등이 목표를 향할 때까지 한다.

⑤ 백스윙의 정점에서 오른손바닥이 하늘을 향하게 한다.

⑥ 다운스윙의 초기 동작은 몸통회전만으로 그립의 끝이 볼을 향하게 한다.

⑦ 그립의 끝이 볼을 가리킨 스윙은 몸통회전을 시키면서 손을 풀기만 하면 볼이 맞는다.

⑧ 팔로우스윙은 클럽의 끝이 배꼽을 향한 채로 한다.

⑨ 피니시 시는 오른쪽 어깨로 목표를 겨냥한다.

⑩ 자신과 비슷한 체형의 프로를 모델로 정한다.

골프스윙 이미지란 골프스윙의 순서, 리듬, 힘을 가하는 느낌 등에 관한 기억을 말한다. 이 기억은 구체적이지 않은 개략적인 기억이라고 말할 수 있다. 특히 골프스윙 이미지는 동작 직전의 세팅에 의해 영향을 많이 받는다. 이를테면 숏아이언(short iron)* 사용 시 체중을 왼발에 많이 놓고 세팅을 하고 스윙을 하면 체중이 오른쪽으로 이동되는 동작이 생략되며 백스윙과 다운스윙이 수직에 가까운 스윙, 즉 업라이트 스윙이 자연스럽게 만들어져 볼을 위에서부터 내려치는 스윙이 되어 볼은 빨리 멈춰 서게 되는데, 결과적으로 볼을 정확하게 칠 확률이 높아지고 낙하한 볼은 빨리 멈추기 때문에 깃대를 공략할 때 유용하게 이용되기도 한다. 드라이버 사용 시 뒤에서 바람이 부는 상황에서 체중을 오른발에 좀 더 많이 놓고 우측 어깨를 조금 낮춘 어드레스는 볼을 좀 더 높이 솟게 하여 볼을 바람에 태워 더 멀리 날아가게 한다.

위와 같은 능력을 발휘하기 위해서는 안정된 스윙기술이 몸에 배어 있어야 하는데, 골프는 자신을 스스로 볼 수 없으므로 자신이

---

* 골프채 중 8번 이하 짧은 채를 보통 말함

행한 스윙에 대한 결과를 보고 스스로 수정할 수 없다. 좋은 골프 스윙을 위해서는 뇌신경망에 좋은 이미지가 저장되어 있어야 한다. 좋은 스윙 이미지를 어떻게 만들 것인가? 자신을 스스로 볼 수 없으니 자신 스스로를 모델로 삼을 수는 없다. 그럼에도 불구하고 굳이 만들고자 한다면 아주 제한적이고도 단편적인 면에서만 가능하다. 예를 들면 백스윙 시 자신의 등이 목표를 가리키게 한다던지, 테이크백(take back) 때 클럽헤드를 30cm 정도 직선으로 뺀다던지, 하프스윙 때 그립과 클럽헤드를 이은 선을 목표선과 나란히 한다던지, 피니시 때 오른쪽 어깨로 목표를 향하게 한다던지, 왼발을 딛고 다운스윙을 시작한다던지, 임팩트에서 팔로우스윙 과정 중 배꼽의 회전각도와 클럽샤프트의 각도를 동일하게 한다던지, 어드레스에서 체중을 하체 쪽으로 내려서 상체를 가볍게 한다는 이미지를 한다던지 등등. 즉 단편적인 이미지에 한정할 수밖에 없다.

스윙전체를 이미지하기 위해서는 자신과 비슷한 프로를 정해서 스윙동작을 반복하여 모방하여 자신의 근육에 익혀지게 연습하는 것도 많이 추천되는 방법이다. 그 프로의 스윙을 보고 흉내 내는 것이 비록 간접경험에 지나지 않겠지만, 자신과 비슷한 체형의 프로를 선택해 동작을 반복해서 따라서 하다 보면 뇌에서 근육에 전달되는 신경망이 거의 하나의 운동단위처럼 형성되어 그 프로와 거의 유사하게 된다. 자신과 유사한 선수의 스윙을 스마트폰이나 컴퓨터 초기화면에서 자동으로 실행되게 해놓으면 도움이 될 것으로 생각된다.

13. 이미지를 역이용하자

① 자신의 실제 볼보다 60cm쯤 지난 다음에 있는 볼을 치듯이 가속한다.
② 띄우는 볼은 아래로 친다.
③ 워터해저드 직 후방 정면에서는 볼을 해저드에 빠뜨리겠다는 마음으로 하향 타격을 한다.

때로는 이미지가 실제와 일치하지 않을 때도 있다. 많은 경우에 목표물에 최고 속도로 타격하기 위해서는 목표물 직전에 최고 스피드를 낸다고 생각한다. 그러나 골프에서는 그렇게 생각하고 스윙을 하면 볼에 클럽헤드가 아직 도달하지도 못했는데 최고 스피드가 난다. 그래서 골프 지도자들은 볼을 통과한 60cm쯤 되는 지점에서 최고 스피드를 낸다고 이미지하면서 스윙하라고 한다.

또 타격된 골프 볼이 멋지게 하늘로 솟아서 날아가는 것을 보고

서 구력이 많지 않은 초보자는 볼을 위로 걷어 올려서 공중으로 띄우려 하는 경우가 있는데 이것은 잘못된 이미지이다. 스윙은 어드레스에서 결정된다는 것을 다시 한 번 강조한다. 볼의 높이는 세팅된 자세와 클럽헤드의 로프트에 의해서 결정되는 것임을 명심하자. 이러한 세팅 자세에서 볼을 하향 타격하기만 하면 볼은 위로 솟는다. 정면에 있는 워터 해저드만 만나면 볼을 해저드에 빠뜨리는 플레이어 중 대부분은 해저드를 넘기기 위해 볼을 위로 쳐올리려다가 토핑을 내기 때문이다. 이때는 반대로 볼을 물속에 처박는다는 이미지로 스윙을 하면 성공할 확률이 훨씬 높아질 것이다. 티샷을 할 때 선택하는 클럽은 홀 전장이나 티샷 후 예상되는 남은 거리를 고려해야 한다. 즉 자신이 가장 자신 있는 다음 샷을 위한 클럽이 남겨지게 하는 것이 좋다. 또 자신감보다는 위험도를 더 크게 고려해야 한다. 즉 해저드나 벙커 또는 오비지역을 확실하게 피하는 것이 자신 있게 페어웨이를 지킬 수 있다는 자신감보다 더 중요하다. 이러한 코스전략에 관한 상상력도 골프 이미지의 한 영역에 포함된다.

기본에 충실한 **알토란 골프**

14. 골프는 순서적 동작이다

① 힘은 손이 아니라 발에서 나온다.
② 발 디딤 후에 다운스윙을 한다.
③ 거리는 히프 회전 속도를 높여서 낸다.

백스윙 때는 어느 정도 순서를 기억하면서 할 수 있으나 다운스윙은 불가능하다. 백스윙은 1초 이내, 다운스윙은 0.5초 이내에 끝난다(약 0.25초). 따라서 다운스윙이 시작된 후 잘못을 느끼고 수정하여 볼을 잘 칠 수 있는 시간적 여유는 없다고 봐야 한다. 결국 연습에 의해 형성된 뇌신경과 근육에 의한 프로그램대로 결과가 만들어진다.

대부분의 골프스윙은 동일한 리듬으로 이루어지기 때문에 클럽만 바꿔서 거리의 차를 만들어 낸다. 이 말은 스윙 속도가 일정하다는 전제 아래 이루어지는 것이다. 또 골프스윙에서 볼에 미치는 충격량이 동일하다는 의미이기도 하다. 충격량은 스윙에 관련된 도구나 신체에 관련된 것으로 같은 속도로 클럽을 휘둘렀을 때 중심축에서부터 골프클럽의 헤드의 길이가 길면 볼에 더 큰 힘이 가해질 것이다. 또 큰 힘을 얻기 위해서 스윙속도를 빠르게 해야 한다. 그러나 스윙속도를 자신의 적정속도보다 빠르게 가하면 스윙 시간이 너무 짧아서 몸에 순서적으로 기억되어 있는 골프스윙에 필요한 동작들을 순서에 맞게 표현하지 못할 때가 종종 발생하게 된다. 반대로 느린 스윙은 골프에 필요한 모든 동작들을 순서대로 동작할 수 있어서 성공적인 샷이 될 가능성은 높다. 그러나 스피드 가 너무 느리면 필요한 거리를 낼 수 없게 된다. 따라서 큰 힘을 얻 으려면 신체의 각 부위가 순서적으로 움직여야 하는 기능이 유지 되는 최대의 범위 내에서 가속을 해야 한다. 가장 중요한 것은 임팩 트 때 체중이 디딤 발에 실려져 있어야 한다. 팔의 무게는 몸에 비 할 바가 못 되어 아무리 빠르게 팔을 휘둘러 보았자 몸통을 회전했 을 때보다 힘이 클 리 없다. 팔에 의존한 스윙은 자신의 필요한 충 격량을 얻기 위해 클럽을 무리하게 휘두르지 않을 수 없어서 하체 의 안정성을 잃게 된다. 급기야 자신의 스윙동작의 순서조차도 지 킬 수 없게 만든다. 몸을 중심으로 한 스윙은 체중에 약간의 속도 만 더해 주면 필요한 적정한 충격량을 얻을 수 있기 때문에 골프스 윙의 순서를 지키기가 쉽다.

골프 거리는 리듬, 템포, 밸런스가 잘 조화를 이루게 하면서 히프 (hip)의 회전을 높이는 것을 시작으로 몸통 스윙을 이끄는 이미지로 클럽이 적정 스피드를 내도록 해야 한다.

15. 루틴을 지배하자

① 샷 준비시간은 나의 습관으로 채운다.

② 샷 직전에 연습스윙으로 동일한 다음 동작이 생성된다는 것을 암시시킨다.

한 샷을 하는데 걸리는 시간은 대략 20-30초가 걸린다. PGA[*]의 경우 첫 번째 선수는 60초 두 번째, 세 번째 선수는 40초 이내에 샷을 해야 한다. KPGA[**]에서는 첫번째 선수에게 50초가 주어지며 그 다음 선수부터는 40초씩 주어진다. KLPGA[***]에서는 첫 번째 선수에게 40초가 주어지며 그 다음 선수부터는 30초씩 주어진다. 이 시간이 초과되면 규정위반이므로 경고 및 벌타 또는 벌금이 부과된다. 골프규정에서 규정한 것만 보아도 대부분의 샷이 20-30초 안에 이루어짐을 알 수 있다. 자신의 샷 시간이 25초 걸린다면 그 시간은 온전히 자신의 시간으로 만들어야 한다. 즉 타요인에 의해서 간섭 받지 않을 정도로 샷 과정에 몰입할 수 있어야 한다. 한 샷을 위해 타석에 들어가서 25초를 몰입하기란 거의 불가

---

[*]   미국 프로 골프 협회

[**]   한국 프로 골프 협회

[***] 한국 여자 골프 협회

능하기 때문에 샷하기 직전까지 샷 준비를 위한 일로 주어진 시간을 채우는 것이 요령이다. 예를 들면 클럽을 빼서 커버도 벗겨내고, 바람에 흔들리는 나뭇잎도 보고, 목표도 겨냥해 보고, 바람에 잔디도 뜯어 풍향도 파악하는 등이다. 그리고 최종적으로는 신경을 목표와 볼에만 집중한 후 샷을 하면 주위의 간섭이나 두려움이 내 마음 속으로 비집고 들어올 수 없을 것이다.

또 다른 방법으로 가상의 연습샷을 여러 번 하여 샷을 하기 직전까지의 절차가 언제나 같은 순서로 이어지도록 나에게 주어진 시간을 다 채우는 것이다. 이 방법은 현재의 동작 다음에는 다음 동작이 당연히 일어나는 것으로 신경을 강화시키는 것이다. 이는 이반 파블로프*의 자극반응 이론에 근거한 것이다. 개에게 종소리를 내고 이어서 반복해서 먹이를 주면 나중에는 종소리만 내도 침을 흘린다는 이론이다. 아무튼 주어진 시간을 온전히 자신이 지배할 수만 있다면 주위의 방해요소들이 자신에게 예민하게 받아들여지지 않을 것이다.

앞에서 언급했듯이 단기기억저장고 안에 들어온 정보들은 다른 방해정보가 없으면 대략 20초까지는 잘 기억이 되지만 시간이 경과함에 따라 점점 약화된다. 20초 루틴의 플레이어라면 온전히 자

---

* 러시아의 생리학자, 심리학자, 의사

기의 샷을 하기 전의 준비 행위로 그 시간을 온전히 채워서 잘 활성화된 정보를 이용하여 20초를 초과하지 않고 샷을 해야 된다.

필자와 같은 경우는 거리를 확인하고 가급적 골프 가방에서 클럽을 손수 직접 빼려고 한다. 드라이버의 경우는 헤드커버를 꼭 씌워 놓았다가 내 스스로 벗겨내고 볼을 보낼 곳을 정하고 한 번 내지 두 번 연습스윙을 한 다음 어드레스를 하고 잠시 몰두한 후 거침없이 샷을 날린다. 시간을 측정한 바가 없어서 얼마나 걸리는지는 모르지만 매번 거의 비슷할 것이다. 이 루틴에서 무엇 하나 빠지면 무언가 모르게 불편하고 점수도 안 좋게 나타나는 것 같다.

16. 감을 만들자

① 스윙의 틀을 많이 만든다.
② 정교한 감은 틀에서 나온다.
③ 감은 과거의 총화이다.
④ 긍정적이고 적극적인 생각이 좋은 감을 만든다.

골프에서 "감이 좋다." 또는 "느낌이 좋다."라는 말을 해보기도 하고 들어 보기도 했을 것이다. 감이나 느낌이라는 말은 많은 사람들이 단순히 느끼는 대로 되는 것으로 착각하는 것 같다. 그러나 골프에서 감이나 느낌은 과거의 경험에 근거한 것이므로 동일한 동작을 반복해서 연습하여 그 동작에 대한 신경망이 강하게 형성된 것임을 알아야 한다. 즉 골프에서 상황과 거리를 잘 분석하여 적절한 스윙을 하려면 유사한 상황에서 수없이 반복해서 연습하면 자신도 모르는 사이에 적합한 능력이 발휘되는 감이 만들어진다. 이러한 감은 자신이 경험한 과거를 총동원하고 통합하여 필요한 것들을 잘 추려서 동작을 하게 되는 것이다. 경험을 쌓는 초기에는 분석적인 좌뇌에 의존하는 바가 다소 없지 않으나 점점 골프가 숙련됨에 따라 좌뇌의 역할은 줄어들고 통합하여 결과를 만들어내는 우뇌가 담당하는 역할이 증가하게 된다. 결국 행동단위의 틀이 만들어지고 그 틀의 수의 양에 비례하여 스윙의 정교함도 높아지는 것이다.

골프에서 우뇌는 적극적이고 긍정적인 역할을 주로 담당하지만 좌뇌는 반대로 "내 동작이 틀리진 않았나?" 하는 부정적이고 소극적인 마음을 갖게 하여 골퍼를 불안하게 만든다. 그러므로 우리는 골프라운드 중에 잠시라도 부정적인 생각이 들지 않게 하려고 노력해야 한다. 바람에 팔랑이는 나뭇잎도 보고 흘러가는 구름도 보고 새소리, 벌레소리도 귀를 기울여 듣고 숨도 크게 들이쉬기도 내쉬

기도 하면서 부정적인 마음이 침투하지 않게 막는 행위를 의식적
으로라도 해야 한다.

17. 적정템포를 유지하자

① 템포는 스윙속도다.
② 리듬은 스윙시간이다.
③ 좋은 리듬은 스윙순서를 잘 지키는 것이다.
④ 빠른 템포는 리듬을 무너뜨린다.
⑤ 몸의 사용 비율을 일정하게 한다.
⑥ 연습스윙과 실제스윙을 동일하게 한다.

　골프에서 리듬과 템포의 중요성은 누구나 인정한다. 그러나 명확
히 무엇이 리듬이고 무엇이 템포인지 설명할 수 있는 사람은 많지
않다. 리듬은 배열된 동작의 순서이고 템포는 동작이 이루어지는
시작부터 끝나기까지 소요되는 시간을 말하는 것이다. 템포는 동작
의 순서의 우선순위와 무관하게 동작이 끝날 때까지 걸린 시간을
말한다. 리듬이 좋고 템포가 빠르면 골프 볼이 바르게 멀리 날아갈

것이지만 템포만 빠르고 리듬이 좋지 않으면 인체의 분절이 사용되는 순서와 소요시간의 비율이 맞지 않아 결과가 좋지 않을 수밖에 없다. 아무리 빠른 템포라고 할지라도 동작 전체 속에서 몸의 각 부위의 사용 비율은 동일하다. 동작이 아무리 빠를지라도 필요한 인체 각 부위가 사용되는 비율은 항상 같아야 한다는 말이다.

라운드를 하다 보면 연습스윙은 좋은데 실제스윙에서 실수하는 경우를 종종 볼 수 있다. 연습스윙은 볼 없이 하는 것이므로 시간적인 여유를 갖고 결과에 연연하지 않고 스윙만 하면 되므로 리듬과 템포가 좋을 수밖에 없으나 실제 스윙은 좋은 결과를 내야 하기 때문에 강박관념에 휩싸이게 된다. 좋은 결과의 가장 중요한 요소 가운데 하나가 거리이므로 긴 거리를 내기 위해 리듬보다는 템포를 우선시 하는 동작이 발생되기 때문인 경우가 다반사다. 그래서 연습스윙과 실제스윙은 똑같이 하는 것이 좋다. 그렇게 해야만 연습스윙으로 강화된 뇌신경마디의 자극이 사라지기 전에 실제스윙이 이루어지므로 성공적인 샷이 될 확률이 높아진다.

18. 맞춤형 이미지 플레이를 하자

① 반사적으로 클럽을 선택하지 말고 클럽 선택의 이유가 있어야 한다.

② 자신감보다 위험성을 더 크게 생각한다.

③ 점수를 얻는 것만큼 잃지 않는 것도 중요하다.

④ 경험한 유사한 홀을 연상하면서 플레이한다.

⑤ 시간이 없으면 이미지 라운드라도 한다.

티샷을 할 때는 선택하는 클럽을 사용한 후 남은 거리를 고려해야 한다. 즉 자신이 가장 자신 있는 다음 샷을 위한 클럽이 남겨지게 하는 것이 좋다. 또 자신감보다는 위험도를 더 크게 고려해야 한다. 즉 해저드나 벙커 또는 오비지역을 확실하게 피하는 것이 중요하다. 이러한 코스 상황에 대한 고려 없이 드라이버를 빼 들고 최고의 힘으로 휘두르지 말아야 한다. 코스에 들어서면 이 클럽을 왜 선택해야 하는지 한 번쯤 생각해봐야 한다. 원하는 점수를 얻기 위해서 무조건 거리에 맞게 선택을 하는 경우가 대부분이지만 점수를 잃지 않기 위해서도 어떻게 해야 할지를 생각해봐야 한다. 상황에 따라서는 최소로 점수를 잃어야 하는 것도 생각해봐야 한다. 이러한 계획은 자주 가는 코스라면 미리 전략을 세워 두면 실제라운드 때 시간적 여유가 늘어나므로 플레이에 좀 더 집중할 수 있을 것이다. 그러나 익숙하지 않은 코스에서는 게임 전에 계획을 수립한다는 것은 불가능할 것이므로 상황에 맞게 캐디의 도움을 받으면서 전략을 수립해야 한다.

많은 지도자들은 어떤 코스를 상상하면서 티샷, 세컨드샷, 퍼트를 실제로 플레이하는 것처럼 연습하라고 조언한다. 필자는 골프를 시작한 지 약 2, 3년 동안은 충주에 있는 ○○골프장을 많이 갔는데, 당시 주로 같이 하는 동반자들이 골프를 시작한 지 얼마 되지는 않지만 80대 초·중반대의 스코어를 내는 운동신경이 좋은 이들이어서 잠시도 연습을 게을리 하면 누가 1등을 할지 모르는 불안한 상황이었다. 그 당시 필자는 주초, 주말 셔틀버스를 타고 2시간 이상을 캠퍼스로 출퇴근을 하였는데 이동시간 동안 그 골프장을 1홀부터 18홀까지를 이미지로, 즉 상상으로 라운드를 거의 매번 하였다. 그러면서도 틈만 나면 연습장에서 연습하는 것은 물론이었다. 그래서 그런지 생애 첫 번째 싱글 스코어로 76타를 기록하는 바람에 나 스스로는 물론 동반자들도 놀랬다. 과거에 규칙도 잘 모를 때 미국에서 처음 골프를 하던 첫해에 두 번 싱글 기록을 낸 적은 있지만 국내의 동반자들이 페어웨이가 좁은 국내 코스에서의 싱글스코어만을 인정한다고 해서 이것을 첫 싱글스코어 기록으로 내세우게 되었다.

골프를 한 지 20여 년도 더 지난 몇 년 전에는 요즘도 자주 가는 모 골프장에서 5팀의 월례모임이 있었는데, 이번에도 허벅지 근육 파열로 연습과 라운드가 부족하여 라운드 며칠 전부터 마음속으로 내 능력에 비해 버거운 홀은 어떻게 공략하면 파를 할 확률이 높아질까도 생각하면서 1번홀부터 18번홀까지 이미지로 라운드를 마치곤 하였다. 그래서 그런지 그 날은 레귤러온(regular on)*이 거의 100%되었다. 단지 버디 욕심을 내다가 3퍼트를 하여 보기로 홀을 마치는 때가 있어서 아쉬웠다. 그러나 아이언이 생각대로 잘 떨어지니까 점점 자신감이 가중되어 아웃코스에서 버디 1개, 인코스에서 버디 5개를 잡는 스코어를 만들어 내었다. 확언할 수는 없지만 이미지라운드에 의해 영향을 받은 것이 아닌가 생각된다.

골프에서 동작은 실제로 하지 않더라도 마음속으로 순서적으로 생각만 해도 실제 동작 때와 유사하게 신경망이 작동된다. 이러한 이론을 토대로 다른 스포츠에서도 이미지 트레이닝을 통해서 경기 실적을 올리는 경우는 수두룩하다.

---

* 　예를 들어 파3홀은 1타 만에, 파4홀은 2타 만에, 파5홀은 3타 만에 볼을 그린에 올리는 것

19. 시동동작을 만들자

① 큰 동작은 작은 동작부터 시작된다.
② 준비동작을 지나치게 길게 하면 스윙 감을 잃게 된다.

골프샷을 위한 모든 준비가 끝나고 백스윙을 시작하려는 순간은 극도로 긴장된다. 이때는 근육도 같이 경직되기 때문에 이 순간을 잘 넘기지 못하면 스윙리듬이 빨라져서 신체의 각 부위가 지켜야 할 순서와 필요 소요시간을 지키지 못하는 상황이 벌어진다. 즉 밸런스를 잃게 되고 당연히 결과도 나쁠 수밖에 없다.

머릿속의 상상만으로 스윙동작을 위한 시동을 거는 골퍼도 있겠고 또 어떤 골퍼는 하프스윙을 지나칠 정도로 여러 번 반복하여 동반자들을 숨도 제대로 쉬지 못하게 긴장시키기도 한다. 대부분은 왜글(waggle)*이라는 작은 동작이나 하프스윙을 한번 내지 두 번 하는 것으로 시동을 건다.

골프는 온몸을 일시적으로 동작하는 운동이므로 아주 작은 동작에서 큰 동작으로 이어지는 순서적 동작이 필요하다. 클럽헤드를 사용하지 않는다면 발의 작은 움직임 또는 생각이라도 사용해

---

* 본 동작을 이끌어내는 예비 동작

서 시동하는 것이 좋은 습관이다. 박인비 선수를 보면 지면을 양발로 약간씩 번갈아 디디면서 클럽헤드를 작게 앞뒤로 흔들다가 백스윙을 한다. 습관화 되어서 본인은 의식하지 않겠지만 이러한 동작이 스윙을 시동하는 모습이라고 보면 맞다. 이것은 세계적인 프로선수가 무의식적으로 행한 관중의 눈에 보인 작은 시동동작의 한 부분이다.

20. 스윙이미지를 갖자

① 스윙이미지의 수는 적게 적용할수록 좋다.
② 볼이 잘 맞지 않을 때는 스윙이미지를 바꾼다.

스윙이미지라는 것은 스윙동작을 성공적으로 마무리시키는 골프팁(tip) 중의 하나일 때도 있다. 이러한 것은 대개 심리적인 것으로 겉으로 나타나지 않는다. 이러한 심리적인 스윙이미지는 동시에 여러 개를 생각할 수 없기 때문에 부단한 연습으로 이미 만들어져 있는 신경망 중에서 한두 개 내에서 선택해야 한다. 그렇지 않으면 뇌와 몸을 이어 주는 신경망에 간섭(방해 정보)이 생겨 혼란에 빠질 수도 있다. 스윙동작을 위한 신경망을 구축하는 과정에서 한꺼번에 여러 개를 할 것을 요구하면 동시에 처리할 능력이 없기 때문에 반복되는 실패로 자신에 대한 부정적인 생각이 들게 되고 결국 학습에 방해가 된다. 가능하면 한 번에 한가지씩만 동작을 실행하도록 요구해야 한다. 또 다운스윙 중에는 적용하기는 거의 불가능하므로 미리 사용할 스윙동작이나 이미지를 정하고 리허설(rehearsal)을 해본 후 샷을 하는 것이 좋다. 볼이 잘 맞지 않을 때는 이 스윙이미지는 바꿔주면 잘되는 경우도 있으니 때때로 다른 이미지로 변경해야 할 때도 있다.

스윙이미지는 앞에서 언급한 왜글도 포함해서 여러 가지가 있을 수 있다. 예를 들면 "백스윙 시 클럽헤드를 30여cm 볼 후방으로 직선으로 뺏다가 백스윙을 한다", "왼어깨가 턱에 닿을 때까지 백스윙을 한다", "등판이 목표 방향을 향할 때까지 백스윙한다", "백스윙이 완성됐을 때 양 팔꿈치가 지면을 향한다고 생각한다", "백스윙 중 양 팔꿈치를 서로 가깝게 한다는 느낌을 갖는다", "백스윙 초기에 배꼽의 회전 각도와 클럽의 회전각을 같게 한다는 느낌을 갖는다", "백스윙이 완성됐을 때 오른손목을 뒤로 제낀다는 느낌을 갖는다", "백스윙 시 오른쪽 무릎이 밀리지 않게 버틴다는 느낌을 갖는다", "백스윙 중 골반, 무릎 등의 분절의 각을 유지하려고 노력한다", "시선과 볼의 거리를 일정하게 유지시키려고 노력한다", "클럽헤드가 볼을 통과하는 것을 보려고 한다", "다운스윙 시 왼발을 딛는 동작을 먼저 한다", "다운스윙 시 왼쪽 엉덩이를 왼쪽으로 회전시킨다는 느낌을 갖는다", "다운스윙 시 왼쪽 무릎과 엉덩이를 왼쪽으로 회전시킨다고 생각한다", "임팩트 이후에 배꼽과 샤프트가 같은 방향을 향하게 한다고 생각한다.", "다운스윙 초기 몸통으로만 하는 느낌을 갖는다", "피니시 시 오른쪽 어깨가 목표를 향하게 한다는 느낌을 갖는다", "피니시 시 오른발 뒤꿈치는 수직으로 하늘을 향하게 한다고 생각한다", "임팩트 이후에 가급적 발을 지면에 오래 붙인다고 생각한다", "다운스윙 시 그립의 끝으로 볼을 찌른다는 느낌을 갖는다", "클럽헤드를 가슴 앞에 두고 스윙한다고 생각한다", "최고 스피드를 임팩트 이후 60cm쯤 낸다고 생각하고 스윙한다" 등등 이외에도 개인이 가지고 있는 스윙이미지는 더 많이 있겠지만, 동시에 시행할 수 있는 이미지는 제한되어 있기 때문에 자신의 스윙에 더욱 집중할 수 있고 결과가 좋은 것을 선택해야 한다.

골프스윙에서 가장 좋은 것은 골프스윙을 자동화시켜서 아무 생각이 없는 상태로 스윙을 할지라도 볼을 잘 치는 것이다. 그러나 그 경지에 이르기에는 너무나 어렵기 때문에 차라리 한 가지 정도 몸에 배어 있는 것을 스윙이미지로 삼고 집중하는 것이 더 효율적일 수 있다. 어려서부터 골프를 시작하면 골프스윙에 관련된 신경망이 발달되어 골프 스윙동작이 다른 스윙동작보다 우선하게 되어 다른 동작을 하려는 간섭을 덜 받게 되며, 또 연습을 거듭함에 따라 거의 완전한 상태로 자동화되므로 가능하다면 한 살이라도 어려서 골프를 배우는 것이 유리할 것이다.

21. 집중의 수준을 높이자

① 연습도 목표 지점을 설정한다.
② 스윙은 연습을 통해서만 익숙하게 된다.
③ 플레이 수준을 높여야 몰입도 쉽게 할 수 있다.

연습할 때일지라도 실전처럼 주의를 집중해야 한다. 당연히 목표도 정해져야 한다. 빈 스윙 때일지라도 목표를 정해 놓고 볼을 그 목표로 보낸다고 상상하면서 스윙을 하는 것이 중요하다.

지나친 주의집중은 근육을 긴장시킬 것이며 스윙동작을 방해하는 역기능을 할 수 있겠지만, 집중이 부족하여 긴장이 되지 않으면 자신이 가지고 있는 능력을 충분히 발휘하지 못할 것이다. 지나친 주의집중은 새로운 환경을 접했을 때 올 수 있으므로 유사한 환경에서 많이 연습하면 익숙해지기 때문에 심리적 부담이 완화될 수 있을 것이다. 또 낯선 환경은 새로운 과제로서 공부해야 할 호기심을 주긴 하겠지만 골프의 경우는 새로운 것을 배우면서 실전에 임하기에는 뇌가 처리해야 할 일이 너무 많아지게 되므로 최상의 운동능력을 발휘하기 어렵다. 실전경험이 많은 플레이어가 더 좋은 결과를 내는 것도 자신도 모르는 사이에 유사한 많은 경험이 바탕에 깔려 있기 때문이다. 그러므로 낯선 코스에서 플레이할 때도 과거에 경험했던 유사한 코스를 상상하면 마음이 좀 더 편안해질 수 있다. 이것도 일종의 집중의 수준 조금 올려 놓은 상태가 되는 것이다.

아무리 집중을 잘 할지라도 본인이 가지고 있는 능력 이상의 플레이를 발휘할 수 없기 때문에 평소에 연습으로 자신의 골프능력의 수준을 높여 놓는 것이 중요하다. 골프능력이 높아지면 집중수준도 같이 높아지기 때문이다. 운동을 하다 보면 어떤 사람은 대충 대충 하는 것 같지만 남보다 경기를 잘하는 것을 볼 수 있다. 이 사람은 경기능력이 높아 주의집중을 조금만 했더라도 결과가 좋은 것이다. 즉 연습에 의해 양질의 주의집중력도 함께 형성되었기 때문이다. 동반자가 보기에는 대충 대충하는 것처럼 보일 뿐이다. 다른 말로 평소에 훈련이 잘 되어 있어서 경기수행능력이 높기 때문에 적은 몰입에도 불구하고 좋은 결과를 내는 것이라고 말할 수 있다.

22. 실전과 유사하게 연습을 하자

① 골프코스를 연상하면서 연습하는 것이 제일 좋다.
② 활용도가 높은 클럽위주로 연습한다.
③ 목표를 수시로 바꾼다.
④ 몸이 좋지 않을 때는 쉬는 것이 낫다.

연습방법에 대해서는 지도자들마다 각자 다르게 생각하는 경우가 많다. 어떤 이는 작은 클럽 위주로 연습해야 한다고 하고 또 어떤 이는 긴 클럽을 안정시키면 작은 클럽은 저절로 된다고도 한다. 골프게임은 점수를 내는 운동으로서 "어떻게 하면 점수를 가장 잘 만들어 낼 수 있을까?"를 생각했을 때 연습방법도 달라질 수 있다고 생각한다. 드라이버를 잡고 티샷을 하기만 하면 오비(O.B.)가 나거나 드라이버 거리가 너무 나가지 않거나 방향이 좋지 않아 드라이버만 잡으면 불안한 사람에게 숏게임 연습 위주로 하라고 하는 것은 무리이다. 억울하게 벌타로 점수를 많이 잃는 초보자는 드라이버 연습을 많이 하여 잃는 점수를 막아야 한다. 그러나 주의해야 할 점은 드라이버는 스윙템포(swing tempo)를 빠르게 하는 경향이 있으므로 천천히 스윙하는 절제의 인내력이 요구된다.
　골프에서 클럽의 중요성에 대해서 드라이버와 웨지(wedge) 중에서 어떤 것이 더 중요한지에 대해 논하는 경우가 있는데 필자는 둘 다 우열을 따지기 어렵다고 생각한다. 드라이버가 잘 맞아야 볼이 다음 샷을 하기 좋은 위치에 놓이게 되어 레귤러온(regular on)의 성공률이 높아질 것이기 때문이다. 드라이버의 결과가 좋지 않았을 때에 점수를 안정시킬 수 있는 기회는 웨지의 역할이므로 웨지가 더 중요하다고도 말할 수도 있다. 대체로 초급자의 경우는 드라이버의 연습비중을 높여서 억울하게 점수를 잃는 경우를 막아야 하겠지만 지나치게 거리욕심을 가지고 연습하면 골프의 리듬을 잃게 되어 드라이버는 물론 다른 클럽도 안정되지 않을 수 있다. 드라이버를 잡았을 때는 자신의 최대 거리의 70-80%를 넘기지 않는다는 겸손한 마음으로 휘둘러야 한다. 상급자의 경우는 기본적으로 드라이버를 잘 다루니까 웨지 연습비중을 높여야만 레귤러온이 안 됐을 때 점수를 잃는 것을 막아 줄 수 있을 것이다. 상급자로의 도약을 위해서거나 상급자의 실력을 유지하기 위해서도 웨지 연습은 반드시 필요한 요소이다.

연습장에서 연습하는 것을 보면 대부분 클럽 별로 작은 것부터 큰 것까지 연습한다. 예를 들면 볼을 웨지로 70개 정도 치고 각각 다른 클럽을 10개씩 친다든지 하는데 이 방법은 초보자가 각 클럽마다 적응을 해나가는 과정으로 삼으면 좋을 것 같고 중, 상급자는 좀 더 좋은 점수를 만들기 위해서는 코스를 생각하면서 여러 가지 클럽을 그때그때 다르게 하여 연습하는 것이 좋을 것이다.

다양한 클럽을 매번 선택하는 연습은 목표를 설정하고, 셋업(set up)하고, 스윙을 하는 하나의 단위동작으로 우리 뇌에 기억되게 되므로 실전골프에 가깝게 접근하게 된다. 또 목표를 바꿔 주는 것만으로도 전혀 다른 어드레스가 필요하므로 상황변화에 대한 적응력이 높아진다. 이러한 연습은 골프에서 가장 중요한 리듬, 템포, 밸런스를 비롯한 그립, 스탠스, 셋업, 정렬과 같은 기본자세의 연습이 자연스럽게 이루어진다.

익숙한 골프장의 환경을 상상하면서 연습을 하는 것도 많은 도움이 된다. 예를 들면 앞에 샌드벙커(sand bunker)를 넘긴다든지 워터해저드(water hazard)를 넘긴다든지 아니면 벙커에 빠진 볼을 친다든지 하는 상상을 하면서 연습을 하면 이 상황을 극복하기 위해서 더 많은 집중을 하게 되기 때문에 더 좋은 효과를 볼 수 있을 것이다.

몸을 푸는 연습을 할 때는 짧은 클럽부터 긴 클럽까지 그리고 다시 긴 클럽부터 짧은 클럽까지 연습하고 상급자는 드라이버 연습을 5%를 넘지 않게 연습해야 한다는 것이 골프지도자들의 대체적인 생각이다. 그리고 몸이 안 좋을 때는 연습을 쉬는 것이 좋다. 무리하게 연습하는 것은 잘 만들어 놓은 골프스윙이 안 좋은 몸 상태로 인해 변할 수 있기 때문이다.

23. 게임 중에는 목표수준을 약간 낮게 잡자

① 거리는 자기능력의 80%를 넘기지 않는다.
② 목표는 보수적으로 잡는다.
③ 최악의 샷이 최악의 상황에 놓이지 않게 목표 설정을 한다.

대개 프로선수는 자기의 능력을 낮추고 아마추어는 자기의 능력을 높이는 경향이 있다. 점수를 잘 만들고 싶다면 자신의 능력을 조금 낮추고 겸손한 마음을 갖는 것이 좋다. 자신의 능력을 과신하여 무리한 플레이로 점수를 크게 잃지 않게 하는 자세가 중요하다. 프로선수들도 자신의 최대 스윙스피드의 65-80% 이내로 스윙한다. 이유는 혹시라도 스윙 리듬을 잃게 되어 다음 샷이 어려워지지 않게 미리 대비하는 것이다.

클럽선택도 별생각 없이 긴 클럽을 선택하는 경향이 있는데 반드시 사전에 한번쯤 생각하고 행하여야 하겠다. 또 자신의 능력에 비하여 어려운 클럽을 가지고 플레이하려는 골퍼도 있는데 이것도 지양되어야 할 것이다. 요즘에는 프로들조차도 유틸리티우드를 3, 4번 아이언의 대용으로 사용하는 경우가 많다. 유틸리티우드는 3, 4번 아이언보다 훨씬 사용하기 쉬우니 아마추어들은 유틸리티클럽

(utility club)[*]으로 바꾸는 것도 고려해볼 필요가 있다.

코스를 공략할 때에도 나의 샷이 최악의 샷이 되었을 때라도 최악의 상황에 놓이지 않게 위험구역을 피하는 전략을 세우는 것이 좋다. 결과가 같을 것 같다면 위험한 상황을 무조건 피하는 것이 현명하다.

24. 머리가 아닌 몸이 골프스윙을 알게 하자

① 머리로 이해하는 것은 아는 것이 아니다.
② 지도자에게 레슨을 오랫동안 지속적으로 배운다.

머리로 이해하고 다 안다고 생각해서는 안된다. 자신이 직접 실행을 해서 자동반사적으로 되기 전까지는 아는 것이 아니다. 다시 말하면 신체동작에 관한 지식은 몸이 필요한 동작을 수행해 낼 수 있을 때에 비로소 아는 것이다.

스윙동작을 반복해서 연습하다 보면 뇌신경망이 형성되어 동작

---

* 모양은 우드이나 아이언처럼 다루기 쉬운 골프클럽

이 자동화된다. 이때 주의할 것은 정확한 정보로 뇌신경을 자극해야 한다. 초기에 부정확한 뇌신경망이 만들어진 다음에 정확한 뇌신경망으로 수정하려면 많은 시간과 노력이 요구된다. 어떤 때는 신경망이 아직 형성되지도 않았는데 "이래라", "저래라" 하는 주문을 받게 된다. 이때에는 신경망에 있지도 않는 동작을 만들어 내느라 수많은 유사한 신경망을 활성화시키게 된다. 즉 한가지의 굵직한 신경망이 아닌 비슷비슷한 여러 개의 작은 신경망에 의해 갈팡질팡하게 된다. 결국은 학습효과를 반감시키는 상황에 이르게 되어 골프스윙은 너무나 어려운 동작이라고 뇌에 자리 잡게 된다. 또는 자신의 능력을 의심하게 되어 자신감도 잃게 되어 급기야 골프 배우기를 포기하게 될지도 모른다. 굵직한 뇌신경회로망을 정확하게 만들려면 검증된 전문 지도자에게 장기간 레슨을 받아야 한다. 초기에 비용과 시간을 아끼는 것이 나중에 큰비용의 지출과 시간을 낭비하게 하는 결과로 나타날 수 있다.

25. 자신감을 갖자

① 잘 친 볼에 대한 기억을 상기한다.
② 자신의 능력을 믿는다.
③ 칭찬받은 기억을 한다.
④ 자신에게 스스로 긍정적인 말을 한다(자화자찬).

연습을 통하여 이룩한 실력을 100% 발휘하려면 어떻게 해야 할까? 골프실력은 간섭, 불안, 집중력의 분산 등에 의하여 방해를 받기 때문에 대부분은 제 실력을 다 발휘하지 못한다. 이러한 방해 요소들을 극복하기 위해서 자신감에 차 있어야 한다. 즉 자기 자신의 실력을 믿는 마음이 충만해야 한다. 자신감은 긍정적인 사고패턴과 골프에 대한 높은 기술수준이 기본 요소다.

골프를 먼저 한 선배로부터 "잘 친(성공한) 볼에 대한 기억을 하라."는 말을 많이 들어왔을 것이다. 또 "우승해 본 선수가 우승한다."라는 말도 많이 들어보았을 것이다. 이러한 성공경험은 자신감을 강화시켜 실패를 빨리 잊게 만든다. 또 가족, 친지, 코치 등과 같은 주위 사람들의 칭찬도 자신감을 강하게 심어 준다. 그러나 과거의 성공경험 때문에 이번에도 성공을 해야 한다는 강박관념에 사로잡히는 경우도 있을 수 있다. 실패한 경험이 강하게 떠오르기 때문에 성공한 경험이 묻혀 버려서 자신감을 잃을 수도 있으며, 반대로 실패한 경험보다 성공한 경험이 강하게 자극하여 확신에 찰 수도 있다. 주의집중을 강화시켜 부정적인 요인들이 떠오르는 것을 무시할 수 있으면 자신감이 좀 더 높아질 것이다. 자신감을 증대시키기 위한 방법으로 긍정적으로 생각할 수 있도록 스스로 생각해야 할 것이고 연습을 많이 하여 기술 수준을 높이고 주위 사람들로부터 칭찬을 많이 받고 정신집중을 하여 잡념이 끼어들 여지를 막아 버리면 자신감이 높아질 것이다.

혼자 중얼거리는 말조차도 부정적인 말로 뇌신경망을 매어 놓지 말아야 된다. 예를 들면 실패할 때마다 "바보 그것도 못해!"라고 중얼거리면 정말로 실패하는 바보 골퍼가 되는 것이다. 반대로 스스로 긍정적인 말로 "나는 할 수 있어!"라고 스스로 자신 있게 말하면서 샷을 하면 성공할 확률이 높아진다. 이것은 긍정적인 뇌신경망과 성공이 연결되어서 이루는 결과이다. 자신감을 주는 긍정적 대화문장을 선정하여 자기 자신과 대화하면서 라운드를 하는 습관은 플레이에 도움이 될 것이다.

26. 집중과 이완을 조절하자

① 깊은 호흡한다.
② 주위 경치를 본다.

골프는 운동경기 중 긴장이 가장 낮은 종목 가운데 하나일 것이다. 그러나 전체적 시간으로 보면 그렇겠지만 샷 직전에는 고도의 긴장감을 주는 종목이다. 사격, 양궁, 컬링, 볼링 등과 더불어 경기를 시작할 때까지는 격투기나 축구 농구처럼 흥분된 긴장과는 다른 예민한 긴장감이다. 아마도 아주 짧은 순간에 성공과 실패를 결정짓는 경기의 특징 때문일 것이다.

이런 운동들은 경기가 종료될 때까지 계속 이완 없이 집중한다면 경기를 시작한 지 얼마 되지 않아 정신적으로 기진맥진하여 경기를 다 망쳐 버리고 말게 될 것이다. 특히 골프의 경우는 한 라운드의 경기를 마치려면 4–5시간이나 걸리기 때문에 이완의 시간이 반드시 필요하다. 특히 실패했을 때 분노하지 말고 그 순간을 잘 넘기는 자기만의 방법이 있어야 한다. 예를 들면 숨을 크게 쉰다든지 아니면 아예 횟수를 정해서 정해 놓고 횟수만큼 숨을 쉰다든지, 먼 산등성이를 천천히 훑어본다든지, 바람에 팔랑이는 나뭇잎을 세어 본다든지, 하늘의 흘러가는 구름을 바라본다든지, 호수나 강물결이 햇볕에 반사되는 것을 본다든지 등의 방법으로 흥분을 가라앉히고 다음 샷을 위한 안정적이고 긍정적인 심리상태로 자신의 마음을 바꾸는 능력을 갖춰야 한다.

27. 숏게임 연습을 게을리 하지 말자

① 웨지로 볼을 가지고 논다는 정도까지 연습한다.
② 거리 계산은 비구선 옆에서 보는 것이 정확하다.
③ 마지막에 본 것이 목표다.

평상시 숏 게임 연습을 많이 해두면 경기 때에 자신감이 유지되어 긍정적으로 플레이를 이어갈 수 있다. 만약 숏 게임 능력 수준이 높은 플레이어는 레귤러온(regular on)을 시키지 못했을 때일지라도 파를 하지 못할까봐 크게 두려워하지 않는다. 오비를 내거나 해저드에 빠뜨리지 않는 한 쉽게 점수를 잃지 않는다. 숏 게임 능력이 어느 정도 갖춰졌으면 각 홀마다 전략적 계획도 마련할 수 있다.

앞에서도 언급했듯이 아마추어 골퍼들은 별 계획 없이 대부분 최대거리의 샷을 날리려고 한다. 그러나 유명한 프로선수들은 정확성을 위해서 자기 능력의 80% 이하의 힘으로 스윙을 하려고 한다. 이처럼 숏게임을 제외한 거의 대부분은 선택한 클럽으로 자기 능력의 80% 이하의 힘으로 스윙을 하는 것을 추천한다. 그러나 숏게임은 선택한 클럽으로 상상한 이미지를 구현해야만 하고 상당히 많은 창의력과 감각이 요구되기 때문에 힘을 훨씬 다양하게 가감해야 한다.

골프의 감은 평상시 상황 별 연습을 통해서 대부분 이룰 수 있다. 이미 나와 있는 사례에 대한 연습이나 거리 별 연습을 통해서 자신의 신경망에 저장해 놓으면 기억되어 있는 유사한 환경에 놓였을 때 과거의 경험을 되살리는 동작을 일단 저장했던 단기기억저장고에서 인출하여 실행하게 된다. 고도로 훈련되면 눈으로 쳐다보기만 해도 자동적으로 스윙의 크기가 결정되어 적합한 샷이 이루어진다. 우리의 뇌는 자동화되어 있기 때문에 보는 것만으로도 상상 이상으로 우리가 생각한 것보다 훨씬 정확하게 반응하기 때문이다. 그러나 주의할 점은 목표뒤쪽에서 느끼는 거리감은 목표 옆쪽에서 느끼는 거리감보다 정확하지 않기 때문에 거리에 대해 반응할 행동단위를 확실하게 만들어 놓아야 한다.

아무튼 숏게임은 롱게임에서 부족했던 기회를 회복시켜 주기도 하며 점수를 획기적으로 줄여 주는 역할을 하므로 숏게임 연습을 게을리 하는 사람은 절대로 좋은 골퍼가 될 수 없다고 단언할 수 있다.

28. 긍정적 퍼팅 멘털을 갖자

① 확인은 귀로 한다.
② 연습스윙은 홀을 보면서 한다.
③ 볼에 편하게 느껴지는 표시를 한다.

퍼팅은 골프의 최종 결과를 만들어 내는 마지막 행위이다. 그래서 이 동작이 실패하면 점수가 추가되므로 신경이 쓰일 수밖에 없다. 더군다나 다른 샷 때처럼 만회할 기회도 없다. 골프게임의 심리적 요소인 주의집중, 불안, 각성, 자신감 등이 어떤 때보다도 강하게 적용되는 때이다.

다른 샷은 타깃에서 벗어나는 오차범위가 퍼팅에 비해 비교할 수 없을 정도로 크고 큰 실수가 아니라면 다음 샷 때 만회할 기회가 있지만 퍼팅은 이런 기회조차 없다. 앞서 말한 것처럼 퍼팅은 한 번의 실수가 바로 실점으로 이어지기 때문에 긴장하지 않을 수 없다.

퍼팅 때 "확인은 귀로 하라."는 말이 있다. 최종 목표인 홀을 보면서 행하기 때문에 결과가 어느 때보다도 궁금하지 않을 수 없다. 따라서 꼭 성공시켜야 한다는 심적 부담이 커지게 되기 때문에 불안감이 급상승하게 된다. 특히 짧은 퍼팅에서는 꼭 성공시켜야 한다는 강박관념 때문에 더 긴장하게 된다. 실패했을 때는 동반자를 보기에도 부끄럽게 느껴져서 빨리 흥분이 가라앉지 않고 그 결과가 다음 홀에까지 영향을 미칠 수 있다. 때문에 불안한 나머지 홀로 향하는 볼을 보다가 자세의 안정이 흩어져 실패하게 되기도 한다. 실패한 경험 후부터는 불안감은 더 커지므로 자신의 그립이나 어드레스 그리고 그립의 강약 등을 의심하게 된다. 점점 근육은 긴장되고 급기야는 제대로 볼을 터치(touch)할 수도 없는 지경에 오게 된다. 우리는 이것을 입스(yips)라고 한다. 이것은 실패한 경험이 강하게 기억되어 극도로 자신감이 떨어졌기 때문이다.

아주 짧은 거리의 퍼팅이 아니면 대부분 볼이 홀에 들어가지 않는다. 이로 인해 홀에 들어가지 않는 것이 당연한 것으로 기억되기 쉽다. 플레이어는 긴 거리의 퍼트로 그린의 빠르기를 점검하는 것만큼이나 플레이 직전에는 자신 있게 넣을 수 있는 거리의 홀에서 성공의 감을 얻어서 자신감을 올리는 것도 중요하다. 퍼트는 들어가지 않는다고 형성되기 쉬운 실패의 뇌신경망의 부정적 활성화를 막고 넣을 수 있다는 긍정적 뇌신경망을 활성화시켜야 한다.

간혹 퍼팅 전 연습퍼팅에서 볼만 보면서 스윙을 하는 플레이어들을 보는데 그것보다는 목표를 보면서 하는 것이 좋다. 지나치게 멀지 않은 거리는 눈으로 보는 것만으로도 스윙의 크기나 터치의 강도를 과거의 경험으로부터 저장되었던 감을 이끌어 낼 수 있다. 또 목표와 볼에만 신경이 쓰이므로 집중도가 높아져 다른 방해 요소가 침투하는 것을 막는 효과도 있다. 지나치게 먼 거리는 평소의 훈련을 통해 뇌신경망에 저장되어 있는 거리 별 감을 동원하여 만들어진 행동단위 동작을 이용해야 하는 경우도 있다.

Part 03
향상편

Chapter 01
골프스윙을 위한 준비

우리는 골프동작을 "골프스윙(Golf swing)"이라고 부른다. 스윙이란 축을 중심으로 하는 회전운동을 일컬을 때 쓰이는 말이다. 따라서 골프스윙도 동작 중에 몸의 어떤 부분을 축으로 하여 클럽을 회전시키는 운동이다. 볼은 작고 클럽은 길기 때문에 볼을 클럽에 정확하게 맞춰서 필요한 거리를 내기가 쉽지 않다. 필요한 거리를 얻기 위해서는 신체의 힘을 낼 수 있는 모든 부문을 사용하여 원심력을 내야 한다. 무작정 힘만 만들어 내면 되는 것이 아니라 방향도 생각해야 하기 때문에 몸의 어떤 부분은 적절히 절제해 가면서 스윙을 해야 한다.

우리 몸에서 골프스윙을 위한 원심력을 얻는 주요 동작으로 척추를 축으로 양 어깨를 돌려서 얻는 몸통동작, 다리를 축으로 한 엉덩이 회전동작, 어깨를 축으로 한 팔동작 등이 있는데, 이 세 부위의 동작이 조화를 이루면서 바르게 사용되어야 골프에서 요구하는 좋은 동작이 된다. 백스윙은 몸에서 가장 먼 클럽헤드부터 시작되고 다운스윙은 신체의 중심에 해당하는 왼발을 땅에 딛는 것으로부터 시작된다. 스윙은 어깨가 등뼈와 한자의 십(十) 자를 유지하면서 돌려야 아름답고 균형잡힌 스윙이 만들어진다. 회전운동하는 공학용 기계를 보더라도 특별한 것을 제외하곤 축에 90°, 즉 십(十)자를 이루고 있다. 우리 몸은 많은 관절들로 구성되어 서로 상호작용하면서 동작이 이루어지고 있으므로 차이가 날 수 있겠지만, 어깨와 척추가 이루는 각이 90°를 이루게 하는 것은 백스윙에 많은 도움이 된다. 특히 몸을 앞으로 약간 굽히고 양발을 벌린 자세의 어드레스로 골프스윙을 할 수 밖에 없으므로 척추를 중심으로 십(十) 자로 회전시키더라도 정확하게 십자 스윙이 이루어지지 않는다. 즉 클럽이 길어질수록 경추(목뼈) 부분이 약간 우측으로 이동되고 왼어깨도 오른쪽 무릎 위쪽으로 이동된다. 숏 아이언은 보폭을 좁히고 체중도 왼발에 더 많이 놓아서 스윙의 크기를 줄이고 체중과 어깨 이동을 제한하여 볼을 정확히 가격할 수 있도록 미리 준비해야 한다.

숏아이언은 스윙 궤도가 작으므로 다운스윙 시 클럽헤드가 볼에 접근하는 각도가 크다. 따라서 지나친 체중이동과 어깨 이동은 백스윙의 궤도를 지나치게 크게 만들어 볼에 접근하는 각도까지도 지나치게 크게 만듦으로 더핑(duffing)이나 토핑(topping)을 내는 원인이 될 수 있다. 백스윙이 낮고 길게 이루어지면 클럽헤드가 볼에 미달한 상태에서 스윙 아크의 최저점이 만들어지므로 그와 같은 좋지 않은 결과를 야기시킬 수 있다.

벤호건(Ben Hogan)은 "바른 동작을 배운다는 것은 그 사람이 생각하는 것보다 10배나 쉬운 것이다. 일단 당신이 올바른 궤도에 오르기만 하면 바른 스윙을 하는 것이 틀린 스윙보다 훨씬 쉬우며 노력이 덜 드는 것은 당연한 것이다."[*]라고 하였다.

1. 그립 형태와 기능

① 뉴트럴그립(neutral grip)[**]
② 스트롱그립(strong grip)[***]

---

[*] 벤 호건, 역자 미상(역) 『벤 호건의 모던골프』, 도서출판에버그린, 연도미상, p.5
[**] 스퀘어그립(square grip)이라고도 하며, 좌우로 지나치게 치우치지 않은 그립
[***] 오른쪽으로 돌려 잡은 그립

③ 윅그립(weak grip)[*]

그립은 손과 도구가 처음으로 만나는 부분이기 때문에 매우 중요하다. "프로도 어느 날 골프가 잘 안 된다고 느껴질 때 제일 먼저 그립을 확인해 보라."는 말이 있다. 그럼에도 불구하고 대부분의 일반 골퍼들은 그립을 대수롭지 않게 여기는 듯하다.

양손을 손바닥을 맞대고 편안하게 아래로 늘어뜨려서 그립을 손바닥 사이에 끼고 손가락을 쭉 뻗어 클럽이 왼손의 검지의 둘째 마디에서 새끼손가락 쪽에 약간 치우치게 대각선으로 손바닥을 가로질러 그립을 잡은 다음 오른손은 손바닥을 목표방향으로 하여 오른손바닥의 골과 왼손엄지 뿌리를 맞대어 잡는다. 하비페닉(Harvey Penick)은 "그립을 잡은 왼손엄지의 끝과 샤프트(shaft)는 직선을 이루어야 한다."고 하면서 "그저 긴 자막대기를 하나 집어 들고 거기에 손을 맞춘 뒤 스윙을 해 보는 것이다."^{**}라고 하였다. 납작한 모양의 자를 잡으면 저절로 왼손의 엄지가 그립의 중앙보다 약간 오른쪽으로 치우치게 되어 골프그립의 바른 자세를 취하기가 쉽다. 납작한 물건이 있으면 잡아 보며 상상해 보기 바란다. 휴대폰을 수평

---

* 왼쪽으로 돌려 잡은 그립

** 원형중 역, Harvey Penick 저, 『하비 페닉의 리틀 레드북』, 서울: 시공사 1993. p.38

으로 놓고 왼손의 엄지와 검지 사이를 붙여서 얇은 면을 좌측에서 우로 잡아 보자. 아마도 왼손의 모습은 거의 유사할 것이다.

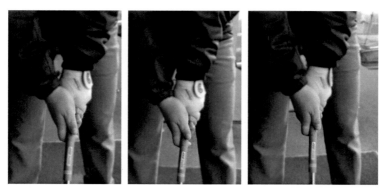

〈그림17〉 뉴트럴그립, 스트롱그립, 윅그립

같은 그립이라도 잡은 형태에 따라서 기능이 달라질 수 있다. 엄지를 그립의 중앙보다 약간 오른쪽에 놓아 잡는 방법을 뉴트럴그립(neutral grip) 또는 스퀘어그립(square grip)이라고 한다. 이 그립은 왼손등과 오른 손바닥이 목표 방향을 향하게 된다. 이 그립을 하고 어드레스를 하면 그립을 한 왼 엄지와 검지가 이루는 꼭지점이 오른쪽 어깨를 가리킨다. 엄지를 조금 오른쪽으로 더 많이 돌려 잡았을 때 스트롱그립(strong grip)이라고 한다. 하늘을 향하는 손등부위가 크다. 이때는 왼손엄지와 검지가 이루는 꼭지점은 어드레스를 했을 때 오른쪽 어깨보다 아래쪽을 향하게 된다. 마지막으로 스퀘어

그립보다 왼쪽으로 돌려 잡는 방법을 웍그립(weak grip)이라고 한다. 이 그립은 왼손등이 지면 방향 쪽으로 뉴트럴그립보다 약간 더 향한다. 어드레스 시 왼 엄지와 검지가 이루는 꼭지점은 오른쪽 어깨와 목을 향한다. 웍그립을 제외한 스트롱그립과 뉴트럴그립은 반드시 가운데손가락이 시작되는 관절(knuckle)이 준비 자세에서 바로(수직으로) 내려다 보여야 한다. 그리고 "어떤 그립이든 손가락을 폈을 때 양 손의 손가락들이 서로 평행을 이루는 것이 좋다."[*]

개인의 신체적인 조건에 따라서 구질이 달라지기도 하지만 그립 방법에 의해서 구질이 결정된다고 하여도 과언이 아니다. 스트롱그립은 볼의 구름(run)을 발생시켜 거리를 많이 내거나 왼쪽으로 휘는 볼(hook ball)이나 끝에서 약간 왼쪽으로 휘는 드로우볼(draw ball)[**]의 경향이 있다. 웍그립은 오른쪽으로 급히 휘는 슬라이스볼(slice ball)[***]이나 끝에서 오른쪽으로 약간 휘는 페이드볼(fade ball)의 경향이 있다. 그러나 각각의 개인차에 의해서 어떠한 그립을 할지라도 구질의 변화가 없는 사람도 있다. 초보자의 경우는 아무리 스트롱그립을 하더라도 슬라이스볼이 발생되는 경향이 많은데, 이것

---

[*] James A. Frank, edited, Golf Magazine's Private Lessons, Stephen Greene Press/Pelham Books 1990, p. 25

[**] 공이 직선으로 가다가 끝에서 왼쪽으로 휘는 공

[***] 페이드볼은 끝에서 오른쪽으로 약간 휘나 슬라이스볼은 비행 초기부터 오른쪽으로 심하게 휜다.

은 밖에서부터 안으로 잘라 치는 스윙의 궤도가 원인이다. 또 스트롱그립은 클럽헤드 면의 로프트를 감소시킬 가능성이 크므로 좌우스핀의 양이 백스핀의 양보다 더 커질 수 있기 때문에 슬라이스나 훅의 볼이 되기 쉽다.

골프그립은 얼마나 강하게 잡아야 할까? "새를 잡듯이 하라."는 말도 있고 "가장 세게 잡았을 때의 30-40%의 세기로 하라."는 말도 있고 "단지 새끼와 약지만을 단단히 잡아라."는 말도 있다. 또 최경주(K.J. Choi)[*] 선수는 모 골프채널 방송국에서 클럽을 수직으로 들어서 떨어뜨릴 때 다른 손으로 잡는 만큼의 세기로 잡는다고 하였다. 새를 잡듯이, 즉 너무 세게 잡으면 새는 죽을 것이고 너무 가볍게 잡으면 날아가 버릴 것이다. 그러니 새가 날아가 버리지 못할 정도의 세기로 잡아야 한다는 말일 것이다. 그립을 너무 세게 잡지 말고 가볍게 잡으라는 의미로 해석하면 된다. 그리고 왼손 새끼손가락과 약지는 단단히 잡아야 클럽이 손에서 빠져 나가지 않을 것이다. 만약 엄지, 검지, 장지까지 세게 잡으면 어깨가 경직되고 그립을 잡은 손이 부드럽지 못해서 효율적인 원심력에 의한 스윙이 어렵게 된다.

---

[*]　우리나라 최초의 미국프로골프협회(남자) 정회원

왼손의 그립 시 엄지를 당겨서 짧게 하고 엄지와 검지 사이를 붙이는 것은 왼손 그립이 느슨해지는 것을 예방하는 효과가 있다. 그러나 긴엄지를 하면 절대 안된다는 말은 아니므로 스윙에 문제가 없다면 꼭 그렇게 하지 않아도 괜찮다.

2. 어드레스(address)

1) 얼라인먼트

① 볼을 보내고 싶은 방향을 확인한다.

② 볼이 날아 갈 방향과 이은 선상의 어떤 흔적을 확인한다(2nd 이후 샷).

③ 흔적과 이은 선상에 볼을 위치시킨다(티샷 시).

④ 오른손으로 그립을 잡고 클럽의 날(leading edge)을 흔적 선과 직각으로 놓는다.

⑤ 두발을 모으고 비구선과 두 발, 두 무릎, 양쪽 엉덩이, 양쪽 어깨 등을 나란히 하고 선다.

⑥ 왼발을 1/3 오른발을 2/3 정도 벌린다. 왼발 끝은 20–45° 정도 벌리고 오른발은 비구선과 직각으로 놓는다. 유연성이 떨

어지는 사람은 왼발 끝과 같은 각도로 오른발 끝도 연다.

- 긴 클럽의 샷을 할 때는 볼을 왼발 뒤꿈치에 마주하는 곳에 둔다.
- 중간 클럽의 샷을 할 때는 볼을 스탠스의 중간에 둔다. 또는 긴 클럽에서의 위치에서 오른발만 왼쪽으로 약간 줄인다.
- 짧은 클럽의 샷을 할 때는 스탠스를 좁히고 볼을 스탠스 중앙이나 오른발 쪽에 위치시킨다. 또는 볼을 왼발 뒤꿈치에 마주하는 곳에 두고 오른발을 왼발 쪽으로 많이 이동시켜 보폭을 좁게 한다.

⑦ 머리를 볼보다 목표방향으로 나가지 않게 한다.

2) 어드레스 요약

① 클럽헤드의 토우(toe)*와 힐(heel)**을 바닥에 댄다.

② 두 발은 모으고 그립을 한다.

③ 양 엉덩이를 이은선을 뒤꿈치 선보다 뒤로 빼고 무릎은 폈지 않았다는 느낌이 들 정도로 유지한다.

---

*   클럽헤드의 앞쪽 끝

**   클럽헤드의 뒤끝 쪽

④ 턱은 약간 들어서 경추(목뼈)에서 흉추(등뼈)에 이르기까지 직선으로 뻗게 한다.

⑤ 그립과 몸과의 거리를 주먹 1–2개의 간격으로 한다.

⑥ 양발은 어깨넓이 정도 벌렸다가 클럽에 알맞게 조정한다.

⑦ 그립을 쥔 손의 위치는 왼 허벅지 안쪽에 놓는다(숏아이언은 정면에서 보았을 때 팔과 샤프트의 모양이 가급적 소문자 "y"의 모습이 되도록 한다).

⑧ 왼팔은 뻗고 오른팔은 약간 유연하게 한다.

어드레스는 볼을 치기 위한 준비동작으로서 골프스윙의 가장 중요한 과정이다. 어드레스를 바로 하지 않으면 아무리 볼을 정확히 맞혔다고 할지라도 볼이 의도대로 날아가지 않는다. 그렉노먼(Greg Norman)은 클럽을 잡지 않은 빈손으로 무릎을 구부리고, 그 상태에서 허리를 약간 구부리고 양팔을 늘어드리고 손뼉을 치듯 양손을 모으면 올바른 어드레스*라고 하였다. 이 상태에서 채를 잡으면 소울(sole)전체가 바닥에 평평하게 닿게 잡아야 한다고 하였다. 코리 페이빈(Corey Pavin)은 어드레스에서 절대로 무릎을 너무 많이 구부

---

*   김원중 역, Greg Norman 저, 『그렉노먼의 100가지 골프레슨』, 서울: 시공사 1996, p.15

리지 말라.[*]고 하였다. 그는 무릎을 너무 많이 구부리면 상체가 지면에 대하여 지나치게 수직으로 똑바로 서게 되므로 몸을 엉덩이로부터 알맞게 숙여 줄 수 없게 되며 그 결과 백스윙이 엉망이 된다. 무릎은 무릎 관절이 뻣뻣하게 펴지 않은 정도까지만 구부리면 된다.

볼에 대하여 바로 서지 않으면 아무리 좋은 스윙을 해도 바르게 볼을 날려 보낼 수 없다. 골프스윙의 여러 가지 방법에 대한 설명은 기본적으로 어드레스가 갖추어졌다는 가정 하에 하는 것이다. 어드레스의 순서는 다음과 같이 하는 것이 좋다. 목표지점을 향하여 그립을 잡은 채로 클럽을 들어서 클럽샤프트로 자신의 볼까지 가상의 줄을 긋는다. 그 사이에 어떤 흔적을 찾은 다음, 오른손으로 클럽을 잡고 볼 뒤쪽에서 오른 어깨로 목표를 향하여 볼에 다가 간다. 클럽헤드를 목표 방향에 직각으로 맞추고 찾은 흔적과 이은 라인 옆으로 어깨와 스탠스 그리고 엉덩이를 나란히 맞춰서 어드레스에 들어간다. 먼저 그립을 잡고 클럽헤드의 밑면을 바닥 면에 댄다. 클럽으로 바닥을 누르지 말고 툭 늘어드린다는 느낌으로 자세를 취한다. 그립은 왼발 허벅지 안쪽에 위치시킨다. 전면에서 마주 보았을 때 6, 7번이하의 아이언은 대부분 양팔과 클럽샤프트의 모

---

[*] 김동원 역, Cory Pavin 저, 『코리 페이빈의 골프샷 만들기』, 서울: 국일미디어 1997, pp.52–53

양이 소문자의 "y"자의 모양에 가깝게 된다. 특히 숏아이언은 이 자세가 아니면 더핑(duffing)*이나 토핑(topping)**이 발생되기 쉽다.

클럽의 번호에 따라서 그립의 위치가 달라질 수 있다. 번호가 작은 클럽, 즉 긴 클럽일수록 그립의 위치가 왼쪽에서 조금씩 오른쪽으로 이동시킨다. 그러나 아무리 긴 클럽이라도 보폭의 중앙에 해당하는 바지의 배꼽선 이상은 넘지 않는 것이 좋다. 클럽 중 가장 긴 드라이버일 때 그립을 바지 중앙의 배꼽 선에 위치시킨다. 이때는 양팔과 클럽샤프트가 이루는 모양이 대문자 "Y"자에 가깝게 된다.

번호 하나가 차이 난다고 손도 이동시켜야 할 만큼 예민한 것은 아니다. 그립의 위치는 숏아이언에서 미들아이언까지는 왼쪽 허벅지 앞에 위치시키고 롱아이언과 우드는 왼 허벅지와 중앙 사이에 위치시키면 별 무리가 없다. 만약 숏아이언의 그립의 위치가 왼 허벅지가 아니라 바지 중앙의 지퍼 선에 위치시키면 뒤땅이나 토핑을 칠 수 있다. 그 이유는 그립의 위치가 오른쪽에 위치할수록 스윙의 축이 오른쪽에 있게 되므로 스윙궤도가 오른쪽에 만들어진다. 따라서 뒤 땅 치기나 토핑의 원인이 되기도 하는 것이다.

그립의 위치가 변한다고 볼의 위치도 변하는 것이 아니다. 볼을

---

* 공 뒤의 땅을 긁어 치기
** 공의 몸통을 클럽의 날로 직접 때리는 타구

임의로 움일 수 없으므로 클럽을 처음 선택할 때 위치를 알맞게 잡아야 한다. 롱아이언과 우드는 왼발 뒤꿈치와 마주하는 곳에 볼을 놓는다. 그리고 미들아이언과 숏 아이언은 스탠스 중앙과 마주하는 곳에 볼을 놓는다. 볼의 위치도 그립의 위치와 마찬가지로 조금씩 변경시킬 수 있다. 예를 들면 드라이버는 왼발 뒤꿈치에 마주하는 곳에 볼을 두고 보폭을 어깨 넓이만큼 벌린다. 그립은 왼발 허벅지에서 몸의 중앙 바지지퍼선 사이에 놓는다. 그 다음 클럽부터 그립의 위치가 조금씩 왼쪽으로 이동되고 볼의 위치도 오른쪽으로 조금씩 이동된다. 7번 아이언의 경우 스탠스를 어깨넓이 보다 약 20-30% 정도 줄이고 볼을 왼발 뒤꿈치보다 볼 두 개 정도 오른쪽으로 이동시켜서 자세를 잡는다. 아마 볼의 위치가 거의 스탠스의 중앙이나 중앙보다 약간 왼쪽에 치우쳤을 것이다. 이때도 그립의 위치는 왼 허벅지 안쪽에 위치시킨다. 볼의 위치를 왼발뒤꿈치와 마주하는 곳에 위치시킨다면 보폭을 더 많이 줄여야 한다.

클럽의 길이가 길어지면 스탠스도 넓어지고 클럽의 길이가 짧아지면 스탠스도 좁아진다. 또 볼의 위치도 클럽의 길이가 길어지면 왼쪽에 놓고 클럽의 길이가 짧아지면 오른쪽에 놓는다. 그립의 위치도 클럽이 길어지면 몸의 중앙 쪽으로 그리고 클럽이 짧아지면 왼 허벅지 쪽으로 이동하여 위치시킨다.

그립과 몸의 거리는 자신의 주먹 하나에서 하나 반 정도 들어갈

만큼의 거리를 두면 좋다. 너무 멀면 일관된 스윙이 어렵고 또 몸에서 너무 가까이 밀착시키면 몸이 잘 회전되지 않는다. 좀 더 구체적으로 말하면 그립이 몸에서 너무 멀면 백스윙을 완성했을 때 어깨, 팔, 그립이 이루는 삼각형의 모습이 안정되지 않아서 단단한 느낌을 가질 수 없다. 안정된 백스윙을 위해서 오른쪽 겨드랑이를 약간 당기는 또 다른 동작을 한 번 더 하게 될 수도 있다. 아니면 닭이 날개를 퍼덕일 때처럼 오른쪽 겨드랑이를 벌리는 일명 치킨윙(chicken wing) 모양의 백스윙으로 인한 지나친 업라이트스윙(upright swing)* 이 되기 쉽다.

그립이 몸에 너무 가까우면 겨드랑이의 간격도 너무 좁아져서 백스윙이 부족하게 된다. 그로 인해 스윙궤도는 작아지고 어깨가 경직되어 편하게 스윙을 할 수 없게 된다. 지나치면 지면에서 수평선에 너무 가까운 스윙 지나친 플랫스윙(flat swing)** 이 될 수 있다. 골프는 지나친 업라이트 또는 지나친 플랫이 아닌 스윙이 좋다. 대체로 골프스윙은 지나치게 어느 쪽으로도 치우치지 않는 중간 형태가 도움이 되는 경우가 많다.

어드레스 자세에서 그립은 지면을 향해 수직으로 떨어지는 시선

---

*　스윙궤도가 수직에 가깝게 가파른 스윙
**　스윙궤도가 수평에 가깝게 완만한 스윙

밖으로 앞으로 나가지 않는 것이 좋다. 그립이 시선보다 앞에 나가면 무릎이나 등이 지나치게 굽혀질 수 있다. 또 시선이 볼의 위치보다 목표방향으로 나아가지 않는 것이 좋다. 이 경우에는 볼이 클럽에 맞기도 전에 몸을 세우기 쉬우므로 볼을 정확히 가격하기 쉽지 않다.

초보자뿐만 아니라 대부분의 중상급자들도 어드레스 시 지나치게 긴장하는 경향이 있다. 긴장하면 백스윙이 충분히 이루어지지 않는다. 뿐만 아니라 다운스윙도 빨라져서 실수를 하게 되며, 리듬도 잃게 될 수 있다. 자동차 가속페달을 밟듯이 서서히 진행하는 것이 좋다. 서두르면 동작의 각 단계가 충분히 이루어지지 않은 상태에서 다음동작을 이어서 하게 되기 때문에 연속적인 관절 움직임의 효과를 극대화시키기 어렵다. 물론 스윙의 리듬도 개인마다 같지 않아서 빠른 사람도 있다. 그러나 대체적으로 너무 빨라서 문제가 되는 경우가 더 많다. 아무튼 지나친 긴장은 골프볼을 칠 때 모든 동작이 너무 급하게 이루어지기 때문에 실수하는 경우가 많으므로 시작부터 느긋한 느낌이 들 정도로 천천히 할 것을 권한다.

어드레스에서 클럽을 작게 앞뒤로 움직이는 예비스윙을 왜글 (waggle)*이라고 한다. 이것은 긴장을 푸는 효과도 있을 뿐만 아니라

---

* 스윙 전에 공을 치기 위한 예비동작

다음스윙을 위한 예비스윙이므로 본 스윙에서도 도움이 된다. 어떤 골프 지도서에는 왜글이나 느린 백스윙이 도움이 되지 않는다고 하는 지도자도 있으나 세계의 저명한 많은 지도자들은 그 말에 동의하지 않는 경우가 더 많은 것 같다.

왜글의 방법은 어드레스 상태에서 클럽헤드를 볼 뒤에 대고 손목을 꺾지 않고 좌우로 움직이는 동작이다. 볼 뒤에 마치 비스듬히 세워진 판에 팔과 클럽을 대었다 떼는 듯하는 동작을 몇 번 하는 것이다. 골퍼에 따라서는 여러 가지 형태의 왜글이 있을 수 있다. 예를 들면 클럽헤드를 위로 들었다 내렸다 하는 동작, 거의 하프백 스윙동작, 클럽헤드는 볼 뒤에 놓은 상태에서 그립을 한 손만 목표 방향으로 약간 밀었다 빼는 동작 등 다양하다. 그러나 무난한 동작은 손목을 꺾지 않고 클럽헤드를 좌우로 흔드는 미니프리샷(mini pre-shot) 형태이다. 왜글이 필요한 동작이기는 하지만 왜글을 하는 시간이 너무 길어서 동반자들에게까지 긴장을 주는 행위는 환영받지 못한다. 또한 본인 스스로에게도 불안감이 급격히 증대되어 실제 스윙에 악영향을 줄 수 있다.

그립을 잡고 클럽을 늘어뜨린 느낌이 들게 하여야 한다. 클럽으로 땅을 짓누르면 자세가 낮아져서 스윙 시 볼 뒤의 땅을 치기(duffing) 쉽다. 아니면 원활한 스윙을 위해서 임팩트 순간 몸을 일으키는 좋지 않은 습관이 만들어질 수도 있다.

볼을 칠 준비는 다 되었는데 그 방향이 좋지 않다면 지금까지의 노력은 모두 헛수고가 되는 것이다. 그래서 꼭 볼 뒤에서 볼과 목표 선상의 어떤 흔적을 정해서 몸을 정렬시켜야 한다. 볼의 뒤에서 목표까지를 겨냥하는 것과 어드레스에서 목표를 겨냥하는 것 사이에는 착시 현상이 생기게 된다. 따라서 본인의 생각과 실제 선 방향이 다를 수 있기 때문에 보아둔 흔적은 볼에서 너무 멀면 의미가 없다. 볼에서 약 5m 정도면 적당하다. 정렬시키는 요령은 클럽헤드 면을 목표선과 직각으로 맞추고 어깨와 엉덩이를 나란히 한다.

3. 테이크백(take back)

① 클럽헤드를 볼 바로 뒤에 놓고 어깨의 긴장을 푼다.
② 클럽헤드로 지면을 누르지 않고 조금 뗀다.
③ 클럽을 앞뒤로 작게 움직이면서 스윙을 이미지한다.
④ 클럽헤드를 목표방향(비구선)과 동일 선상의 후방으로 최소한 20-30cm 정도 볼의 후방으로 이동시킨다.
⑤ 왼 어깨를 오른쪽으로 민다.
⑥ 왼팔은 뻗지만 오른팔은 의지적으로 뻗으려고 하지 않는다.

⑦ 클럽헤드를 너무 급히 들어 올리려고 하지 않는다.

⑧ 테이크백이 천천히 이루어지도록 한다.

테이크백은 어드레스 자세에서 볼을 때리기 위해 백스윙을 시작하는 단계로서 테이크어웨이(take away)라고도 말한다. 이 단계는 백스윙의 초기 단계로서 전체 스윙에 큰 영향을 준다. "우리말에 시작이 반이다."란 말이 있듯이 골프에서도 매우 중요한 단계이다. 테이크백을 시작할 때 등뼈를 축으로 해서 어깨를 오른쪽으로 돌려야 한다. 볼 뒤로 클럽헤드를 직선으로 빼는 동작은 백스윙 시 클럽이 궤도 이탈을 하는 것을 막아 주는 역할을 한다.

4. 백스윙(back swing)

① 클럽헤드를 볼의 뒤쪽으로 30cm 정도 직선으로 뺀다.

② 어깨를 손의 진행 방향으로 계속해서 밀어 준다.

③ 오른 팔꿈치는 백스윙의 회전각이 커짐에 따라 조금씩 굽힌다.

④ 허리에 약간의 저항이 느껴질 때 어깨와 엉덩이를 우측으로 돌려준다.

⑤ 체중을 우측으로 이동시킨다.

⑥ 클럽샤프트가 백스윙의 정점에서 비구선과 평행이 되도록 한다(후방에서 보았을 때).

⑦ 양쪽 팔꿈치를 지면을 향하게 한다는 이미지를 갖는다.

⑧ 오른 팔꿈치가 옆구리 옷의 재봉선 뒤로 벗어나지 않게 한다.

⑨ 충분한 백스윙 자세에서 샤프트를 목표선과 평행시킨다(세워진 상태건 눕혀졌건 세워졌건).

⑩ 완성된 백스윙에서 왼손목과 왼손등이 직선이 되게 한다.

기초편에서 언급했듯이 백스윙은 전체 스윙동작의 80%를 차지한다고 말할 정도로 골프스윙에서 차지하는 비중이 크다. 골프에 관계되는 운동에는 직선운동과 회전운동이 있는데 직선운동은 미닫이문과 같이 직선으로 움직이는 운동을 말하는 것이고 회전운동은 어떤 축을 중심으로 원을 그리면서 회전하는 운동을 말한다. 골프스윙은 보폭 때문에 일부 직선 운동 구간이 있기는 하지만 원심력 운동의 회전운동이다.

클럽헤드가 볼에서 30cm 정도가 될 때까지 비구선[*]과 동일 선상에 놓이도록 직선으로 백스윙을 한다.[**] 자칫 오른팔로 클럽을 들어서 너무 가파르게 클럽헤드가 올라가면 클럽헤드가 비구선 밖으로 벗어나게 된다. 이와 같은 백스윙은 다운스윙 시 지면을 내려찍거나 볼을 밖에서 안쪽으로 커트(cut)시키므로 볼은 오른쪽으로 깎여 휘어 날아갈수 있다.

왼팔을 계속 밀다 보면 팔로만 스윙할 수 없는 단계가 온다. 우리는 이때까지를 하프스윙이라고 부른다. 이 단계에서 반드시 확인해야 될 것은 옆면에서 보았을 때 클럽과 팔이 이루는 선이 동일 선상에 놓여 있어야 하고 비구선과 거의 평행하여야 한다. 이때의 왼손등은 정면을 향하고 있어야 한다.

백스윙을 완성하기 위해서 왼팔은 하프스윙을 지나서도 계속해서 오른쪽으로 밀어 주는데 이때 오른 팔꿈치는 계속 골반을 향하고 양 겨드랑이는 약간 조여진 느낌이 느껴져야 한다. 그러나 결국 오른 팔꿈치는 골반에서 약간 떨어질 수밖에 없다. 오른 팔꿈치가 몸에서 지나치게 많이 떨어지면 백스윙이 완성되었을 때 어깨를

---

[*] 공과 목표를 이은 공이 날아갈 방향

[**] Arnold Parmer가 한 말. (PGA투어 통상 62승. 시니어 투어 10승, 7차례에 걸쳐 메이저 대회에서 우승을 차지했으며, 상금왕도 네차례하였다. 최저타 선수에게 수여되는 바돈 트로피도 4차례 수상함)

충분히 꼬아 주지 못할 수 있다. 왼 어깨가 턱에 이를 때까지 왼팔을 밀어서 백스윙을 완성한다. 목이 긴 사람은 왼 어깨가 목에 들어 갈 것이고 그렇지 않은 경우는 어깨가 턱을 덮을 것이다. 어깨가 회전함에 따라 엉덩이도 약간 회전하게 된다. 엉덩이 회전이 상체보다 우선하면 몸통의 꼬임이 부족해질 수 있으므로 몸통이 충분히 꼬아질 때까지 하체의 회전을 의식적으로 절제해야 한다. 즉 몸통 꼬임은 저절로 꼬아지도록 해야 한다. 몸통이 이상적으로 꼬아진 모습은 어깨가 90°, 엉덩이가 45° 돌아간 모습이다. 그러나 몸이 아주 유연한 사람은 하체를 그대로 두고 상체를 더 꼬아서 상체와 하체의 꼬임의 차이를 더 크게 할 수 있다. 꼬임을 크게 하려고 하체의 회전을 의식적으로 막으면 백스윙이 비구선 밖으로 만들어질 수 있음을 주의해야 한다. 파워는 상체와 하체의 비틀림의 차이에서 만들어지므로 어깨와 히프가 같은 각도로 회전되어서는 안된다. 오른팔도 의식적으로 당겨서 백스윙이 충분히 이루어지도록 한다. 대부분의 체중은 오른쪽 허벅지 안쪽에 놓는다. 체중이동이 타인에게는 거의 보이지 않을 정도로 자신의 양발 안에서만 이동되어 본인은 다리 쪽의 긴장의 변화로 체중이동을 느끼게 된다.

백스윙의 정점에서는 왼손목이 엄지 쪽으로 끝까지 꺾이게 한다. 만약에 손목이 손등 쪽으로 꺾이면 슬라이스가 날 가능성이 높고 손목 안쪽으로 꺾이면 훅이 날 가능성이 많다. 이렇게 꺾인 손목의 방향에 따라 볼의 방향이 달라질 수 있다.

충분히 백스윙을 한 상태의 샤프트(shaft)의 방향은 목표 반대쪽에서 보았을 때 목표선과 나란하다. 백스윙이 지나쳐서 샤프트가 지면과 평행 이상 처지면 별로 좋지 않다. 등(back)은 가급적 목표방향을 향한다는 느낌으로 한다. 등이 목표방향을 향할 때까지 백스윙을 하면 충분히 몸이 꼬아진 것이다. 오른손은 손등 쪽으로 꺾어서 왼손등이 손목의 바깥쪽과 직선이 되도록 도와준다.

백스윙이 완성됐을 때 왼팔을 완전히 펴는 것이 이상적이지만 왼팔을 완전히 펴기 위해서는 오른 팔꿈치의 안쪽의 꺾인 각도가 90°가 되어야 한다. 그러나 오른팔의 굽혀지는 각도가 90°보다 훨씬 크므로 정확히 멈추기가 쉽지 않다. 몸이 유연하면 왼팔을 완전히 뻗은 채로 몸통도 충분히 돌릴 수 있겠지만 그렇지 못한 사람들은 팔을 펴려고 노력하는 것만으로도 충분하다. 제 생각에는 젊은 이들은 팔을 펴는 것이 좋을 것 같다. 왼팔을 완전히 펴면 등근육(back muscle)에 영향을 많이 받기 때문에 힘이 바탕이 된 스윙을 하게 된다. 근력이 약한 노년층은 팔꿈치를 펴는 것에 신경 쓰지 말고 스윙을 해도 문제가 없을 것으로 생각 된다. 관절꺾임도 회전 속도에 도움을 주는 요인이 되기 때문이다.

왼팔을 펴기 위해서 긴장하는 것보다는 차라리 왼팔을 굽히는 편이 나을지도 모른다. 누구든 완전히 왼팔을 편다는 것은 거의 불가능할 수도 있다. "왼팔을 펴라."라고 그토록 강조하였던 근대골프스윙의 아버지라고 불리는 벤호건(Ben Hogan)★도 당시의 사진을 보면 완전히 펴지 못했던 때를 볼 수 있다. 인간은 기계가 아닌 유기체로서 골격과 근육에 영향을 받아 뼈의 가동범위가 제한 받을 수 있기 때문이다. 대체로 팔 다리가 길고 날씬한 사람은 왼팔을 잘 펼 수 있으나 팔 다리가 짧고 몸이 비대한 사람은 완전히 펴기 어렵다.

아무튼 왼팔을 펼 수 있으면 좋겠지만 가슴이 큰(또는 발달한) 사람이나 좀 유연성이 부족한 사람은 왼팔을 완전히 편다는 것이 불가능할 수도 있다. 이런 사람의 경우는 팔을 펴지 못한 것이 잘못된 동작이라고 생각하지 않아야 한다. 백스윙 때 오른쪽 옆구리에 긴장이 느껴지면 족하다. 평소에 어깨 돌리기 연습을 지속적으로 하면 점점 유연성이 증가되어 팔도 펴질 것이고 점차 스윙아크(swing arc)★★도 커질 것이며, 스윙궤도도 좋아질 것이다. 가슴이 발달한 근육질의 남성이나 가슴이 큰 여성은 어드레스 시 클럽을 잡은 손을 앞으로 쭉 펴서 클럽을 들어 올렸다가 내리면서 팔의 상박부로 가슴을 누르면서 어드레스를 하면 어깨회전에 도움이 된다.

★　1946년 첫 번째 메이저 타이틀 PGA챔피언십 우승, 1949년 교통사고로 두 다리를 못쓰게 됐으나, 재활훈련 후 6개의 메이저 대회에 우승. 1953년에는 브리티시, 마스터스, 유에스오픈을 우승한 첫 번째 선수
★★　스윙시 클럽헤드가 그리는 회전궤도

백스윙의 정점(top of the back swing)에서 오른손의 모습은 손바닥을 위로하여 하늘을 향하고 오른 팔꿈치는 지면을 향하도록 한다. 상체를 굽힌 정도에 따라서 팔의 하박부와 팔꿈치가 이루는 각도가 다소 차이가 있어서 실재는 팔꿈치가 지면을 정확히 향하고 있지 않지만 그래도 팔꿈치가 지면을 향하게 하려고 이미지 한 것만으로도 좋은 백스윙 자세가 만들어진다. 오른 팔꿈치로 지면을 향하게 하려다가 상체가 세워져서는 안된다. 양 팔꿈치가 지면에 수평이 되게 하면 상체가 세워지는 것을 막을 수 있다.

백스윙이 완성된 상태의 왼쪽 옆구리 면이 직선으로 사선을 이루어야 한다. 이 왼쪽 허리선이 꺾이면 좋지 않다. 왼허리가 꺾인 자세는 백스윙이 충분히 되지 않은 상태로 체중도 오른쪽으로 이동되지 않는다. 이러한 백스윙의 경우 왼어깨가 척추를 중심으로 오른쪽으로 회전되지 않은 경우가 대부분이다. 훌륭한 골프 지도자 하비페닉(Harvey Penick)* 선생은 등에 아기를 업었다고 상상했을 때 이 아기가 떨어지지 않게 몸통을 회전시키는 이미지를 하면 체중이 자연스럽게 오른발에 적당히 놓이고 축도 적당히 기울어져 아기가 편안하게 업혀있을 수 있을 것이라고 말하면서 왼발에 체중이 많이 놓이면 아기는 떨어질까봐 불안해할 것이라는 요지의 내

---

* 김원중, 역, Harvey Penick, 『하비페닉의 리틀레드북』, 서울: 시공사, 1993.

용이 기억난다. 너무 빠른 백스윙도 아기를 등에서 떨어뜨릴 위험
이 있다. 이처럼 등에 아기를 업었다고 생각하면서 백스윙을 하는
것은 척추를 중심으로 한 어깨회전을 바르게 느끼게 한다. 또 원통
속에서 회전하듯이 하라는 말도 있다. 체중 이동은 몸 외형에까지
보이지 않게 틀 안에서 이루어져야 한다는 말이다.

〈그림18〉 원통 속에서의 스윙

백스윙은 몸을 비틀어 꼬는 것이지 손을 높이 드는 것이 아니다.
초보자들은 몸은 별로 꼬지 않고 팔만 높이 치켜 올려서 거리를
내려고 하는데 이것은 매우 비효율적인 방법이다. 스스로 점검할
수 있는 방법으로 앞에서 언급했듯이 좌측 어깨가 우측 무릎 가까

이 왔는지, 왼쪽 허리선이 꺾이지 않고 비스듬한 직선으로 이루고 있는지, 몸통의 등(back of body)이 목표방향을 향하고 있는지를 확인하면 몸통의 꼬임이 적절하게 되었는지를 알 수 있다. 잘못된 몸통의 꼬임은 어깨도 우측으로 충분히 회전되지 않을 것이며, 허리도 꺾일 것이며, 등도 목표방향을 향할 수 없을 것이다.

5. 다운스윙(downswing)

① 하체가 이끄는 스윙을 한다.
② 체중을 왼쪽으로 이동시킨다.
③ 발을 딛고, 엉덩이, 어깨의 순서로 회전시킨다.
④ 왼팔을 가능한 한 편다.
⑤ 머리를 볼 뒤에 위치시킨다.
⑥ 다운스윙 초기에는 클럽이 세워진 상태 그대로 한다.

다운스윙은 볼을 때리기 위한 직전의 준비동작이기 때문에 매우 중요한 과정이다. 연습장에서 연습을 하고 있는 대부분의 골퍼들이 이 동작이 잘 안되어서 이것을 극복하기 위하여 연습을 한다고 보아도 과언이 아니다. 아무리 골프스윙에서 백스윙이 차지하는 비율이 80%나 차지한다고 하지만 백스윙은 꼬아진 몸통에 이어서 들어 올려진 클럽헤드로 다운스윙을 하기 위한 준비동작이다. 결국 다운스윙도 좋아야 좋은 타구를 만들어 낼 수 있는 것이다. 다운스윙 과정 중에 볼이 맞는 임팩트 동작과 팔로우스윙과 스윙의 마무리 동작인 피니시 동작조차도 다운스윙의 연장이다.

"백스윙을 한 다음 클럽을 잠시 멈추는 듯하면서 다운스윙을 진행하라."는 말도 있는데 이 말의 의미는 다운스윙을 너무 서두르지 말라는 말이다. 서둘러서 다운스윙을 하면 체중을 왼발로 이동할 수 있는 시간이 부족해서 왼발을 축으로 하는 원심력 운동이 어렵다. 어떤 경우에는 백스윙이 충분히 이루어지지 않았음에도 불구하고 성급히 다운스윙을 하게 됨으로써 스윙의 리듬과 몸의 균형을 잃게 되는 경우도 있다. 또 손목이 너무 일찍 풀려서 더핑(duffing)이나 토핑(topping)을 내기도 한다.

백스윙을 했을 때의 순서를 생각해 보자. 맨 처음 손을 뒤로 뺐으며 그 다음에 상체를 그리고 하체를 뒤로 돌렸다. 그 중에서도 가장 늦게 움직인 신체부위는 왼다리가 된다. 장난감 로보트를 분해결합을 해본 사람들이나 군대에서 병기를 분해결합 해본 사람들은 분해나 결합은 역순으로 해야 조립이나 분해가 쉽다는 것을 너무나 잘 알 것이다. 바둑에서도 돌을 놓는 순서에 따라서 돌이 죽고 사는 경우를 볼 수 있다. 골프스윙에서도 순서를 제대로 지켰을 경우와 지키지 않았을 경우 그 결과에도 차이가 크다. 다운스윙은 왼다리, 엉덩이, 어깨, 손의 순서로 풀어 주면 좋은 골프스윙을 만들어 낼 수 있다. 엉덩이를 회전시킨다고 생각하면 자연히 다리도 함께 움직일 것이기 때문에 동작의 순서에 큰 문제가 될 것이 없다. 단지 왼쪽 엉덩이를 왼쪽으로 회전시킨다고 이미지 하는 것만으로도 회전축이 왼발에 만들어지므로 다운스윙을 할 준비가 갖춰진다. 회전하는 방법은 원통 속에서 엉덩이를 회전시킨다고 생각하면 몸이 지나치게 앞쪽으로 쏠리는 것을 막아 주고 원심력을 얻는데도 용이하다. 또 그립의 끝이 자신의 배꼽에 연결되어 있는 것으로 생각하고 클럽과 자신의 몸 앞면이 이루는 각을 90°로 유지시키면서 스윙을 하면 클럽헤드의 면이 항상 적절한 각도를 이루게 되어 정확하게 임팩트가 되고 볼의 방향도 좋게 한다.

위에 열거한 대로 동작이 되고 있는지 확인하자. 체중이 왼발에 실렸나? 회전은 왼발을 축으로 이루어졌나? 자신의 배꼽이 목표방향을 가리키고 있나? 오른발 뒤꿈치는 충분히 들렸으며, 우측 무릎이 좌측 오금에 밀착되었나? 몸의 균형은 잃지 않았나? 이 모든 것들이 제대로 이루어졌다면 당신은 훌륭한 골퍼가 될 수 있다.

야구 투수가 볼을 던질 때의 모습을 연상해 보자. 다리가 앞으로 나가고 그 다음 몸통이 그리고 왼어깨까지 앞으로 나가 있는데,

아직도 볼을 든 손은 뒤에 남아 있는 것을 볼 수 있다. 이 동작은 모든 에너지를 앞으로 모아 놓고 최종적으로 그 에너지를 이용하여 볼을 던진다. 골프도 마찬가지이다. 동작의 크기의 차이는 있지만 필요한 만큼의 동작이 이루어진 다음에 마지막으로 손동작이 이루어지는 것이다. 그러나 야구는 몸이 목표의 정면을 향했을 때 볼을 손에서 놓기만 하면 볼이 그 방향으로 날아가는 데에비해 골프는 목표를 옆면에 두고 그 쪽을 향하여 볼을 클럽으로 때리기 때문에 알맞은 각도로 클럽 면이 목표를 향했을 때 볼과 클럽헤드 면의 접촉이 이루어져야 한다. 그래서 야구 투수처럼 몸을 목표 방향으로 완전히 이동시켜 놓고 볼을 던지듯 할 수 없다. 몸은 이미 회전됐는데 그 다음에 클럽헤드가 볼과 접촉이 이루어지게 한다면 클럽헤드의 면은 우측을 향하게 되어 우측으로 휘는 슬라이스의 원인이 될 것이다. 클럽 회전과 몸의 회전이 적절히 연동되어야 볼이 바르게 날아간다. 대체로 테이크백(take back)[*], 임팩트, 팔로우 과정에서 그립 끝이 자신의 몸의 축을 향한 상태이면 별 무리가 없다. 많은 초보자가 범하는 잘못 가운데 가장 많은 것은 몸의 연동은 고려치 않고 팔로만 휘두르는 것이다.

다운스윙의 바른 동작을 이해시키기 위해서 골프 지도자들은

---

[*] 공을 치기 위한 최초 동작으로, 클럽헤드를 약 30cm 정도 공 뒤로 뺐을 때의 동작

많은 노력을 해왔음을 볼 수 있는데, 앞에서 언급한 "다운스윙 전 잠시 멈추듯이 하라."는 말도 그들이 고심한 흔적 중의 하나이다. 대부분의 초보자들은 다른 동작들보다 손동작이 먼저 시작된다. 이것을 막기 위해서 나온 말일 수도 있으며, 또 백스윙과 다운스윙의 준비가 충분히 되지 못한 상황에서 팔을 내림으로써 야기되는 문제를 예방하기 위한 조언일 수도 있다. "종 줄을 내리듯이 하라.", "다운스윙 시 그립의 끝이 볼을 향하게 하라.", "몸으로 다운스윙을 하라.", "좌측 무릎을 밖으로 회전시키면서 다운스윙을 하라."고 하는 지도자들의 표현 방법은 각각 다를지라도 요구하는 내용은 거의 비슷하다. 배우는 사람들은 지도자마다 각각 다르게 가르쳐서 혼란스럽다고 하지만 그것은 자신의 골프 지식이 모자라서 이해하지 못하는 것이지 그들의 요구는 거의 동일한 의미임을 알아야 한다. "아는 것만큼 보인다."는 말도 있지 않은가?

다운스윙 초기의 모습은 샤프트를 위로 세운 상태로 그립을 밑으로 하여 겨드랑이를 조인상태로 엉덩이를 돌리면서 끌어 내리다가 팔을 펴서 볼을 맞히는 것이다. 가급적 임팩트(impact)* 직전까지 왼팔은 펴진 자세를 유지하는 것이 좋다. 그러나 왼팔을 펴기 위해서 팔이나 어깨를 지나치게 긴장시키는 것은 좋지 않다. 다운스윙

---

* 볼과 클럽헤드가 접촉하는 순간

의 초기에 팔이 약간 긴장된 상태에 놓이게 되었더라도 임팩트 직전에는 완전히 이완되어야 한다. 그러나 어깨와 팔에 긴장을 풀고 왼팔을 펴서 임팩트 때까지 가는 과정은 쉽지 않다. 그러나 복싱선수가 샌드백을 칠 때 팔을 쭉쭉 뻗는 것처럼 양팔을 펴는 연습을 반복해서 많이 하면 자연스럽게 습득된다.

6. 임팩트(impact)

① 임팩트 순간에는 체중의 대부분을 왼발에 놓는다.
② 몸의 왼쪽 면에 벽을 대고 있듯이 몸이 지나치게 왼쪽으로 밀리지 않게 한다.
③ 양팔은 뻗고 어깨에 긴장을 풀면서 임팩트를 한다.
④ 임팩트 순간은 양 어깨와 손을 이은 선은 삼각형이 된다.
⑤ 오른발뒤꿈치를 들고 발가락만 지면에 댄 상태에서 임팩트가 이루어지도록 한다.
⑥ 척추와 어깨가 "十"자로 유지된 채로 어깨운동이 이루어지게 한다.
⑦ 임팩트 순간에 시선은 볼에 유지시키려고 노력한다.

임팩트는 클럽헤드로 볼을 때리는 순간이다. 순간적인 시간이지만 스윙의 한 부분이기도 하다. 비록 몇 십 분의 일초에 지나지 않지만 골프스윙에서는 매우 중요한 순간이다. 이때에는 백스윙 때 오른쪽으로 옮겨졌던 체중도 왼발로 옮겨진 상태에서 임팩트가 이루어져야 강한 임팩트가 이루어진다. 왼발에 체중이 놓여지기 위해서는 백스윙의 탑에서 다운스윙으로 동작을 역전시킬 때 대부분의 체중이 왼발에 놓여 왼발을 축으로 한 회전운동을 하여야 좋은 임팩트 자세가 만들어 진다. 만약에 다운스윙 시 왼발의 축이 왼쪽으로 밀린다면 축의 위치가 고정되지 않기 때문에 회전운동이 부분적으로 직선운동으로 크게 변하므로 볼을 가격하는 힘이 감소되고 볼도 오른쪽으로 밀려 날아갈 수 있다. 스탠스(stance) 폭의 영향으로 임팩트 직전에 부분적으로 직선운동이 발생되기는 하나 이 현상은 스탠스의 보폭에 의하여 자연스럽게 만들어지는 것이므로 고려할 필요가 없다.

볼은 클럽헤드 면에 정확히 맞기만 하면 똑바로 멀리 날아가게 디자인 되어 있다고 믿는 것이 중요하다. 드라이버의 경우 스위트 스팟(sweet spot)*에서 불과 몇mm만 벗어나도 거리가 10m 이상이나 줄어든다. 따라서 클럽헤드로 강하게 볼을 때리는 것 이상으로

---

* 클럽헤드의 유효 타점 지역 부위

헤드의 정확한 지점에 볼을 접촉시키는 것이 중요하다. 요즈음에는 스위트스팟을 최대로 넓힌 클럽이 많이 개발되어 판매되고 있다. 이런 클럽은 유효면적이 넓어서 다소 빗맞아도 거리의 손실이 크지 않다. 골프스윙을 연마하는 골퍼들의 노력에 못지않게 공학자들도 보다 실수를 완화할 수 있는 클럽을 만들기 위하여 연구 하여 많은 골퍼들이 쉽게 골프게임을 즐길 수 있도록 도와주고 있다.

임팩트 순간에 볼을 오로지 손만으로 가격하려는 경향이 많은데, 이와 같은 동작 때문에 일관성 없는 방향의 볼이 만들어지게 된다. 일관성 있는 방향은 손과 몸이 적절히 조화를 이루어 만들어진다. 즉 체중은 왼발에 80-90%가 놓인 상태에서 왼발을 축으로 하여 회전운동을 시킨다. 당연히 백스윙 때 오른발 쪽에 실렸던 체중이 왼발로 이동되면서 오른발의 뒤꿈치는 들리게 된다. 그러나 가급적 오른발을 지면에서 완전히 떼지 않고 임팩트를 맞이해야 한다. 오른발이 지면에서 전혀 떨어지지 않은 상태에서 볼을 맞이할 수만 있다면 볼의 방향은 놀랄 정도로 좋아진다. 특히 40-50m 이내의 짧은 거리일 때는 준비자세에서 대부분의 체중이 왼발에 실렸기 때문에 오른발을 과도하게 사용하지 않아야 한다. 그러나 오른발 뒤꿈치를 떼지 않으면 유연성이 크지 않고 체중이동이 되지 않아서 거리를 낼 수 없을 것이다.

아무튼 볼을 치기 전이나 후에 오른발 뒤꿈치가 지면에서 떨어질 수밖에 없는데, 발은 떼는 순서를 잘 지켜야 한다. 먼저 발의 바깥쪽을 제일 먼저 떼고 다음에 뒤꿈치를 떼어서 발가락을 지면에 붙인 채 회전을 시켜 오른 무릎을 왼 다리의 오금에 가볍게 붙인다. 뒤꿈치는 수직으로 하늘을 향하게 한다.

어깨의 모습은 왼어깨가 척추 중심선보다 약간 왼쪽으로 열린 모습이 된다. 그립이 척추를 향하게 하여 회전을 시키면 이상적인 임팩트를 맞이할 수 있다. 만약에 어깨 높이의 볼을 친다면 어깨의 움직임을 이해하기가 아주 쉬웠을 것이다. 그러나 골프는 지면에 놓인 볼을 서서 치는 것이기 때문에 스윙의 궤도가 사선(비스듬한 선)을 이루므로 척추에 대한 어깨회전을 이해하기 쉽지 않다. 많은 골프 지도자들은 오른손은 왼 어깨에, 왼손은 오른 어깨 위에 포개 잡고 척추를 축으로 회전시킴으로 스윙을 이해시키려고 한다.

임팩트 순간 시선은 볼의 뒤쪽에 머물러 있도록 노력해야 한다. 주의하지 않으면 클럽이 볼에 접촉하기도 전에 머리를 목표 방향으로 내밀어 몸의 균형을 잃게 된다. 소렌스탐(Annica Sorenstam)[*] 같은 은퇴한 프로선수는 볼에 클럽이 접촉되기도 전에 시선을 볼에서 떼는데도 괄목할만한 기록을 세웠다. 그녀는 스윙 중의 몸의 중심축이 일정해서 만들어진 스윙궤도는 볼을 통과할 수밖에 없기 때

---

[*] 1993년 LPGA 데뷔 이후 1994년 LPGA 신인왕을 수상. 1995년 1997년 1998년 2001년 2002년에 LPGA 올해의 선수상 수상.

문에 볼을 정확히 맞춘다. 영재성을 가지고 있는 세계 제일의 선수이기 때문이다. 이 선수는 골프에 유리한 좋은 유전자를 가지고 있다고 생각해야 한다. 누구나 이 선수를 모방한다고 똑같아질 수 없다는 것은 너무나 당연하다.

볼을 똑바로 날릴 수 있는 조건들을 고려하여 임팩트를 이루더라도 항상 좋은 결과가 나타나는 것은 아니다. 좋은 결과일 때의 감을 기억했다가 다음 번 시행에 잘 재현해 내는 것이 중요하다. 이러한 감은 동일한 동작으로 박복해서 수많은 볼을 쳐야만 만들어진다.

7. 팔로우스윙 및 피니시(follow swing and finish)

① 임팩트 순간 이후 왼손 그립을 너무 힘주어 잡지 않는다.
② 양팔은 임팩트 때 충분히 뻗어야 이후의 동작이 잘된다.
③ 엉덩이와 어깨는 계속해서 돌려준다.
④ 임팩트 이후는 오른팔로 밀어 준다.
⑤ 클럽헤드로 목표방향 왼쪽을 가리킨다(자신의 어깨 넓이 만큼).
⑥ 그립의 위치를 가슴 앞에 놓이게 한다.

⑦ 팔로우스윙 때 클럽헤드의 토오(toe)가 위를 향하게 한다.

⑧ 동시에 엉덩이를 왼쪽으로 돌려서 오른쪽 무릎을 왼다리의 오금에 밀착시킨다.

⑨ 배꼽이 목표방향을 향할 때까지 몸을 돌려준다.

⑩ 피니시 때 양팔은 어깨선 너머에 놓이도록 한다.

팔로우스윙 때는 그립을 너무 힘주어 잡으면 임팩트 후에 릴리스(release)가 잘 안 되므로 스윙동작이 경직되어 볼을 멀리 날리지 못한다. 임팩트 후 오른팔을 뻗어 주는 것은 스윙아크(swing arc)를 크게 하여 원심력도 커진다. 백스윙에서 다운스윙에 걸쳐서 만들어진 스윙궤도를 찌그러지지 않게 유지시켜 힘의 손실을 적게 하고 스윙궤도도 이탈하지 않도록 한다. 백스윙 때와는 반대로 임팩트 이후에 왼팔은 유연하게 하여 부드럽게 굽혀질 수 있도록 해야 한다.

그립의 끝은 몸의 중심을 가리키게 해야 한다. 클럽이 스윙 중 몸 밖으로 벗어나면 몸과 샤프트가 이루는 각이 지나치게 크거나 작아서 만족할만한 볼의 방향을 얻을 수 없다. 엉덩이는 회전시켜서 배꼽이 목표방향을 가리켜야 체중이 자연스럽게 왼발에 놓이고 몸

＊ 골프에서는 공을 치기 전후에 긴장(마음, 근육)을 풀어야 좋은 결과를 낼 수 있다. 이때의 긴장 완화를 뜻함

의 균형도 잘 잡을 수 있다. 이 자세는 볼의 좋은 탄도와 거리를 위해서 꼭 필요하다.

연습 초기부터 백스윙의 크기에 관계없이 피니시를 하여 마치 이것이 전체 골프스윙인 것처럼 연습해야 한다. 아무리 백스윙이 작다고 할지라도 리드미컬하게 천천히 해야 한다. 즉 큰 스윙이나 작은 스윙이 시작에서 끝까지의 시간은 거의 다르지 않게 한다고 이미지 하는 것이 중요하다. 클럽헤드가 볼을 지나 피니시까지 이르는 동안 엉덩이도 왼쪽으로 돌려서 배가 목표 방향을 향하게 한다.

Chapter 02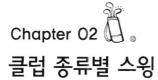
클럽 종류별 스윙

1. 아이언 샷

① 볼이 놓인 상태를 점검한 다음 샷을 할 계획을 세운다.

② 목표까지의 거리를 고려해서 클럽을 선택한다.

③ 풍향과 풍속을 점검한다.

④ 볼을 보내야 할 거리가 클럽과 클럽 사이일 경우 상위의 클럽을 선택하여 클럽을 약간 짧게 잡는다.

⑤ 어떤 클럽이나 판에 박은 듯 똑같은 스윙을 한다.

⑥ 디보트에서는 한 클럽 긴 클럽을 선택하여 볼을 치고 마는 스윙을 한다.

⑦ 바람과 싸워 이기려 하지 말고 볼을 바람에 태우려 한다.

어드레스는 클럽에 관계없이 무릎을 굽힌 각도가 발등에 클럽을 수직으로 세웠을 때 무릎이 클럽샤프트를 통과하지 않을 정도 까지만 굽히는 것이 좋다. 전혀 굽히지 않으면 스윙이 어려워지며 반대로 지나치게 많이 굽히면 일관성 없는 스윙이 되기 쉽다. 또한 엉덩이도 뒤꿈치에서 수직으로 연장된선보다 뒤로 빼야 한다.

실제 라운드 중에 자주 발생하는 일로서 티샷을 잘해 놓고 세컨드 샷을 하기 위해 볼에 가보면 간혹 실망스러울 때가 있는 것을 골퍼라면 누구나 경험해 보았을 것이다. 디보트(divot)에 볼이 놓였을때 불안감 또는 실망감이 컸을 것이다. 볼이 놓인 상태가 좋지 않을 때 평탄한 면과는 다른 특별한 샷을 해야만 한다(제4장 위기관리 및 전략 참고).

또 러프(rough)*에 놓인 볼에 대해서도 자세히 관찰하여 볼이 놓인 상태에 따라 클럽을 선택하고 어드레스와 스윙도 그 상황에 맞게 신경을 써야 한다. 또 볼이 경사면에 있을 경우는 평지와 다른 스윙과 전략을 세워야 한다. 어떤 사람은 롱 아이언은 쓸어 치고 숏아이언은 찍어 친다는 말을 하는 경우가 있는데 이것은 잘못된 표현이다. 롱 아이언은 클럽이 길기 때문에 스윙궤도가 크고, 볼의 위치가 왼발 쪽에 있기 때문에 스윙궤도의 최저점이 왼쪽에 치우

---

* 잔디를 짧게 깎지 않은 거친 지역

쳐 있단. 그 때문에 다운스윙에서 임팩트에 이루는 입사각이 작으므로 쓸어 치는 모양이 만들어지는 것이다. 반대로 숏아이언은 클럽의 길이가 짧고 스윙궤도의 최저점도 우측에 있기 때문에 볼에 접근하는 클럽헤드의 입사각이 크기 때문에 찍어 쳐지는 것이다. 많은 골프 동호인들은 웨지는 찍어 쳐야만 한다고 일부러 팔로 찍어 치기도 하는데 그 방법도 도움이 될 수는 있겠지만 찍어 치는 형태가 스윙에 의해서 자연스럽게 만들어져야지 의도적으로 찍어 치는 동작이 좋은 결과가 만들어지는 것은 아니다. 앞에서 제시한대로 어드레스를 완료하고 백스윙과 다운스윙을 하면 볼이 하향타격으로 맞게 되므로 일부러 볼을 찍어 치려고 애쓸 필요도 없다.

1-1. 웨지샷(wedge shot)*

① 볼에 가까이 서서, 왼발의 스탠스를 약간 열어 준다.

② 백스윙의 탑에서 그립의 끝이 지면을 향하게 한다(full shot 기준).

③ 백스윙은 평소의 다른 클럽보다 작게 한다. 즉 3/4 스윙을 한다고 생각한다.

---

* 아이언의 피칭웨지(Pitching wedge) 이하의 짧은 클럽

④ 왼발뒤꿈치를 지면에서 떼지 말고 손목사용은 제한한다.

⑤ 하향타격으로 볼을 지면보다 먼저 가격한다.

⑥ 엉덩이를 돌려서 다운스윙을 하다가 적당한 때에 팔을 뻗어 볼을 때린다.

앞에서 말했듯이 웨지샷은 롱아이언* 샷과는 반대로 클럽이 짧기 때문에 스윙아크가 작다. 따라서 다운스윙 시 입사각이 크므로 볼 뒤의 땅을 치거나 토핑이 많이 나온다. 이유는 짧은 클럽을 긴 클럽처럼 스윙을 하기 때문이다. 웨지는 클럽이 짧기 때문에 임팩트존(impact zone)이 다른 클럽보다 짧으므로 스윙궤도의 변화에 예민하게 반응한다. 이와 같은 문제를 방지하기 위해서 체중을 왼발 쪽에 두고 볼에 가까이 다가서서 왼발의 스탠스를 약간 오픈시키고 핸드퍼스트(hand first)**의 자세로 어드레스를 하며, 백스윙과 다운스윙도 양팔의 겨드랑이를 조이고 해야 한다. 백스윙도 기억된 거리 별 크기에서 벗어나지 않게 절제하면서 해야 하며, 풀샷(full shot)을 제외하고는 손목의 사용도 억제해야 한다. 몸을 많이 사용하지 않아도 볼이 충분히 도달할 수 있는 아주 짧은 거리일 때는

---

* 아이언 중 4번 이상의 긴 클럽

** 그립을 클럽헤드보다 목표방향 쪽으로 약간 치우치게 한 어드레스

팔 위주의 스윙도 가능하다. 이때도 몸의 사용을 하지 않아도 된다는 의미는 아니다. 이미 다운스윙에서 체중이 왼발에 이동되어 있기 때문에 가능한 것이므로 이후의 몸동작은 행해져야 한다. 두 발을 모으고 스윙을 해보면 리듬과 몸의 사용을 느낄 수 있다. 즉 단지 보폭을 작게 하고 머리와 엉덩이가 이루는 경추(목뼈)와 척추(등뼈)의 좌우 이동을 제한하고 머리의 움직임을 최소로 줄이면서 리드미컬(율동적으로)하게 스윙을 해보면 알게 된다. 결국 웨지샷은 큰 스윙의 일부분으로 큰 스윙에서 체중을 왼발로 이동시키는 동작을 미리 해 놓고 손(팔) 동작을 억제하고 엉덩이를 돌리다가 적당한 때에 팔을 뻗어서 볼을 때리는 것이다.

일부 골프 초보자는 어드레스를 완벽하게 하였지만 백스윙 때 체중을 오른발 쪽으로 이동시켰다가 다시 왼발 쪽으로 옮기는 과정에서 뒤땅을 치거나 토핑을 내기도 한다. 체중이동은 외형적으로 너무 눈에 띄게 하지 않는 것이 좋다. 교정방법 중 하나로 연습장에서 치려는 볼 뒤에 20cm 정도 떨어진 곳에 또 하나의 볼을 놓고 백스윙 시 뒤의 볼을 건드리지 않고 앞의 볼을 치는 연습을 하면 도움이 된다.

1-2. 미들아이언*

① 스탠스의 보폭을 롱아이언보다 약간 줄여서 비구선과 나란히
  선다.
② 엉덩이와 어깨를 충분히 돌릴 수 있을 정도로 약간 엎드린다.
③ 볼을 먼저 맞힌 다음에 디보트(divot)가 생기게 한다.
④ 리듬미컬한 부드러운 스윙으로 팔로우를 한다.

특별히 미들아이언이라는 용어는 없지만 편의상 요즘은 보통 5
번부터 7번까지를 미들아이언이라고 부르며, 비교적 정확성이 요
구되는 클럽이다. 기본적인 어드레스는 일반적인 다른 클럽 때와
동일하다. 스탠스는 자신의 양 겨드랑이 정도 벌리고 볼은 스탠스
의 중앙이나 중앙보다 약간 왼쪽에 위치시킨다. 볼을 왼쪽에 치우
치게 했을 경우에는 스탠스를 약간 좁혀야 탄도가 지나치게 높아
지지 않는다.

다운스윙 시 그립이 볼을 향하고 몸통과 팔이 일체가 된 것처럼
시작되도록 하고 코킹(cocking)을 가급적 늦게 풀리도록 하여 볼을
먼저 치고 땅을 치는 하향타격이 되도록 해야 한다. 과거에는 클럽
디자인이 요즘보다 발달하지 않아서 이와 같은 하향타격을 하지

---

*   5, 6, 7번 아이언

않으면 문제가 많이 발생하였다. 요즈음에는 클럽헤드가 저중심의 캐비티백(cavity back)* 형태의 변화로 인해 꼭 하향 타격이 되지 않았더라도 실수를 완화하는 비율이 과거의 머슬백(muscle back)** 형태에 비해 많이 증가하였다. 그럼에도 불구하고 하향 타격은 보다 수준 높은 골프를 위해서는 꼭 필요한 스윙 방법이다. 하향타격은 볼의 임팩트를 견실하게 할 뿐 아니라 그린에 떨어진 볼도 백스핀으로 인하여 빨리 멈추므로 그린 밖으로 벗어나는 것을 막아 준다.

1-3. 롱 아이언***

① 볼을 왼발 뒤꿈치 안쪽에 위치시키고 스탠스는 비구선과 나란히 한다.

② 임팩트 시 팔을 뻗는다.

③ 손을 클럽헤드보다 약간 앞서게 어드레스한다.

④ 천천히 스윙한다.

⑤ 어깨에 긴장을 풀고 다운스윙을 한다.

⑥ 백스윙을 충분히 한다.

⑦ 손을 높게 들어서 스윙을 마무리를 한다.

---

*   클럽헤드의 뒷면을 파서 주변에 무게를 배치한 형태

**   클럽헤드의 뒷면이 파이지 않았음

***   4번 이상의 아이언

이것도 롱아이언이라는 정식 용어는 없지만 보통 4번 이상의 아이언을 롱아이언이라고 부른다. 미들아이언이나 숏아이언을 설명할 때 대충 이해되었을 것으로 생각된다. 롱아이언은 많이 사용되지 않지만 상급자의 수준이 되면 꼭 필요한 클럽이다. 요즘은 유틸리티 우드(utility wood)*로 대체되기도 한다. 롱 아이언을 다루기 어려워하거나 볼이 지면에 떨어진 후 빨리 멈추기를 원하는 골퍼들은 우드이면서도 아이언의 느낌으로 스윙하는 이 클럽을 많이 사용하고 있다.

롱아이언을 사용할 때 주의해야 할 것은 사용하기 어렵다는 부정적인 생각이다. 다른 클럽 보다 샤프트가 약간 길고 클럽헤드 면도 약간 작기 때문에 사용하기가 어려운 면이 없지 않다. 그러나 미들아이언을 충분히 연습한 골퍼들은 이것도 별 문제없이 사용할 수 있다. 단지 이것을 사용할 때는 볼을 멀리 날려 보내겠다는 생각을 버리고 천천히 스윙을 하여 클럽이 충분히 반응할 수 있도록 도와야 한다.

첫째는 클럽헤드의 스위트스팟(sweet spot)에 정확히 접촉시키는 것이 가장 중요하다. 다음은 어깨의 힘을 빼고 하체로 리드하여 클럽을 뿌려주는 스윙을 해야 한다. 즉 힘의 근원을 팔이 아닌 하체

---

* 우드의 모양이지만 아이언의 느낌으로 스트로크할 수 있어서 사용하기 편하다.

에 두고 스윙을 해야 한다. 그립을 가볍게 잡는 것도 하체가 리드하는 스윙에 도움이 된다. 몸을 충분히 꼬았다가 푸는 것도 거리에 도움이 된다. 그 꼬임은 하체에 의하여 풀리는 것이지 의식적으로 푸는 것이 아니라고 생각하는 것이 좋다.

볼을 왼발 뒤꿈치 안쪽으로 볼 1, 2개 정도 거리에 위치시키고 체중은 오른발 쪽에 약간 치우친 상태의 어드레스를 한다. 몸의 외형은 거의 변하지 않은 상태로 오른발 쪽에 긴장만 준 상태이다. 그립은 클럽헤드와 같은 선상이거나 약간 왼쪽에 위치시킨다. 이 자세에서 다운스윙을 하여 볼을 가격했을 때 볼을 쓸어버리는 큰 스윙아크(swing arc)를 그리게 된다. 피니시도 왼 어깨와 귀 사이로 높게 하고 클럽이 등에 닿을 때까지 충분히 해준다.

클럽은 약간 짧게 잡고 가볍게 친다는 생각으로 천천히 부드럽게 휘두르는 것이 요령이다. 실수의 대부분은 서두름에 있다. 서두르면 백스윙이 충분치 못하게 되어 몸의 꼬임이 부족한 상태에서 다운스윙이 시작되게 된다. 즉 다운스윙을 할 준비가 미처 되지 않았는데 다운스윙을 시작하게 되기 때문에 스윙리듬을 잃게 된다. 롱아이언은 숏아이언과는 다르게 급하게 다운스윙을 시작했을 때 클럽이 길기 때문에 클럽헤드가 즉시 반응에 응하지 못한다.

2. 우드 샷

① 볼을 가볍게 때린다.

② 팔로우스윙을 한다.

③ 로프트 각도가 큰 클럽을 사용 한다(특별한 이유가 없다면 3번 우드 대신에 5번 우드를).

④ 스윙 중 의도적 상향 타격을 하지 않는다.

⑤ 거리를 내는 힘은 땅에서 나온다는 생각으로 왼발을 잘 딛고 다운스윙을 한다.

⑥ 3번 우드를 잘치기 위해서는 다음과 같은 주의가 필요하다.

– 볼을 왼발 뒤꿈치에서 3–5cm 안쪽에 놓고 스탠스를 비구선과 직각으로 정렬한다.

– 엉덩이 선을 스윙 선과 맞춘다(비구선과 나란히 선다).

– 어깨에 긴장을 풀고 욕심 없이 스윙에만 집중한다.

우드는 드라이버를 비롯하여 2번, 3번, 4번, 5번, 7번 우드 등을 통틀어 우드라고 부른다. 과거에는 우드를 복숭아나무 뿌리로 만든 데서 유래하여 우드라고 부른다. 현재는 금속이나 탄소 소재로 만들어지고 있어서 그 당시의 개념과는 많이 다르지만 현재에도 우드라고 부른다. 또는 철로 만들어져서 페어웨이 메탈(metal)

이라고도 불리고 있다. 여러 가지 우드를 다 모아서 페어웨이 우드 (fairway wood)라고도 부른다. 이 클럽들은 샤프트가 길어서 백스윙을 천천히 충분히 해야 한다. 백스윙이 빠르면 서두르게 되므로 충분히 백스윙이 이루어지지도 않은 상태에서 다리가 아닌 팔로 다운스윙을 진행되기 쉽다. 결국 스윙의 순서가 바뀌어서 만족스러운 결과가 나오지 않게 될 가능성이 높아진다.

모든 골프스윙은 대동소이 하므로 별도의 설명이 필요 없을 수 있다. 특히 우드는 클럽헤드의 모양 때문에 무게의 중심이 헤드의 뒤에 놓여 있다. 그 이유로 클럽 샤프트의 길이가 길지만 다루기 어렵지 않다. 헤드의 밑면이 넓어서 헤드 무게의 중심이 밑에 있고 뒤쪽에 위치하고 있기 때문에 볼이 잘 뜨고 방향도 좋다. 이러한 이유로 샤프트를 길게 하여 거리를 많이 나가게 할 수 있는 것이다.

2-1. 드라이버 샷
① 목표방향 정면에 짧은 목표를 정한다.
② 티를 꽂고 볼을 그 위에 놓는다.
③ 1, 2회 연습스윙을 한다.
④ 어드레스를 한다.
⑤ 목표를 1, 2회 확인한다.
⑥ 긴장을 푼다.

⑦ 자신의 이미지(체크 포인트)를 생각하면서 백스윙을 한다.

⑧ 자신을 믿고 거침없이 스윙을 한다.

모든 골프채 중에서 길이가 가장 길고 헤드 면의 로프트가 가장 적은 것이 드라이버이다. 드라이버는 길이가 긴 만큼 거리도 가장 많이 나간다. 헤드의 적은 로프트(loft)는 낮은 탄도와 구르기에 영향을 준다. 셋업 시 볼을 왼발 뒤꿈치 안쪽과 마주하는 곳에 두고 보폭은 어깨 넓이만큼 넓히고 체중은 오른발 쪽에 둔다. 그립이 배꼽 밑(중앙 지퍼 선)과 왼 허벅지 사이에 위치하고 체중이 오른발에 약간 더 많이 놓인 상태로 어드레스를 하면 스윙궤도의 최하점을 통과한 다음에 헤드가 상향으로 향할 때 임팩트(impact)를 이루게 된다. 이 자세는 티(tee) 위에 올린 볼을 치는 드라이버 샷에 유용한 자세다. 그러므로 일부러 상향으로 볼을 튕겨 보내려는 노력을 할 필요가 없다. 마음속으로 실제 볼의 뒤 5-6cm 바닥에 놓인 볼을 친다고 생각하고 클럽을 휘두르면 헤드가 상향할 때 볼을 때리게 된다.

헤드는 볼 뒤 직선으로 30cm 정도로 낮게 끌어 주는 것을 시작으로 백스윙을 한다. 이외의 모든 스윙동작은 다른 중간 크기의 클럽을 사용할 때나 동일하다. 클럽이 긴 만큼 스윙웨이트(swing weight*가 크고 헤드 끝의 회전 속도가 빨라서 몸의 균형을 잃기 쉽다. 이러한 헤드 속도와 무게는 정확하게 클럽헤드가 자신의 몸과 각도를 유지하기 어렵게 만들기도 한다. 헤드의 로프트가 작기 때문에 몸과 클럽이 이루는 각도가 조금만 벗어나도 볼은 목표를 벗어나 전혀 다른 방향으로 날아간다. 그립을 한 양손(어깨와 손이 이룬 삼각형의 꼭지점)이 항상 양 어깨의 중간에 위치해 있으면, 이것으로 인한 문제를 많이 줄여 줄 수 있다. 또 임팩트 이후의 동작을 클럽헤드와 배꼽을 같이 회전시킨다고 생각하는 것도 많은 도움이 될 수 있다. 주의할 것은 임팩트 시 의도적으로 오른쪽 어깨를 떨어뜨리려고 하지 말아야 하며, 클럽헤드도 몸의 회전에 맞춰 적당히 좌측으로 회전되어야 한다.

2-2. 페어웨이 우드 샷

① 클럽을 선택하여 긴장을 푸는 연습스윙을 1, 2회 한다.
② 볼의 라이(lie)**를 확인한다.
③ 목표를 정하고 볼의 비행을 이미지한다.
④ 경사면에 어깨를 나란히 어드레스한다.

---

*   스윙 중 느껴지는 클럽헤드의 무게감
**   낙하된 볼의 위치나 상태

⑤ 경사면에 맞게 볼의 위치를 정한다.
⑥ 긴장을 풀고 자신을 믿고 스윙한다.

긴 클럽을 잡았을 때는 긴장하여 어깨에 힘이 많이 들어가는 경우가 많다. 클럽헤드가 크고 샤프트가 길기 때문에 무의식적으로 강하게 휘두르게 되는 것이다. 그러나 클럽의 크기에 비하여 헤드의 무게는 가볍다. 따라서 어깨에 힘을 빼고 가볍게 휘두르면 성공적인 스윙을 만들어낼 수 있다. 샤프트가 너무 길어서 클럽을 다루기가 부담된다면 그립을 약간 짧게 잡으면 회전 속도도 증가하고 다루기도 훨씬 쉽다.

어드레스에서 볼의 위치를 약간 왼발 쪽에 위치시키고 보폭은 어깨 넓이보다는 좁고 양 겨드랑이 넓이보다는 약간 넓게 벌린다. 체중은 양발에 균등하게 놓거나 약간 오른쪽에 치우친 느낌이 들 정도로 오른쪽에 둔다. 그렇다고 몸의 외형이 우측으로 쏠려서는 안 된다. 스윙을 서두르지 말고 충분히 스윙이 이루어질 수 있도록 해야 한다.

꼭 3번 우드를 사용하지 않으면 안 되는 경우를 제외하고는 5번 우드를 사용한다. 5번 우드는 3번 우드에 비하여 사용하기가 훨씬 쉽다. 특히 파5 홀에서 습관적으로 3번 우드를 선택하는 경우가 많은데 잘 맞았다고 할지라도 특별한 경우를 제외하곤 별 이익이 없다. 아주 잘 맞았을 때라야 5번 우드보다 볼을 10-20m 더 멀리 보낼 수 있겠지만 유효타면에 정확히 맞출 확률이 5번 우드에 비하여 훨씬 적다. 따라서 5번 우드도 거리가 3번 우드보다 못하지 않을 때가 많다. 세컨드샷(second shot)으로 온 그린(on green)시킬 목적이거나 아니면 적어도 그린 주위에까지 볼을 도달시킬 가능성이 없다면 3번 우드는 포기하는 것이 현명하다.

스윙선(목표 방향)과 어드레스 방향이 일치하지 않으면 더핑이나 토핑이 생기기 쉽기 때문에 스윙방향과 양 엉덩이 선을 나란히 하고 볼을 왼발 뒤꿈치에서 볼 1-3개 정도 스탠스의 안쪽에 위치시키고 체중은 약간 오른발 쪽에 두고 어드레스를 한다. 테이크백(take back)은 3번 우드의 경우 클럽헤드가 바닥에 거의 스칠 정도로 낮고 길게 시작한다. 이와 같은 자세와 테이크백은 볼을 쓸어 치는 궤도를 만들어 준다. 다시 말하지만 지면을 쓸기 위해서 지면을 쓸려고 하면 볼 뒤의 땅을 치거나 볼의 윗부분을 치게 되는 실수가 유발될 수 있다. 라이가 나쁜 경우는 체중을 오른쪽으로 이동시키지 말고 어깨만 회전시킨다는 생각으로 백스윙을 하여 볼을 때리면 하향타격이 이루어져서 볼을 깨끗하게 쳐내게 된다. 기억해야 할 것은 어드레스 때 어떤 라이에서나 어깨를 경사면에 평행하게 해야 한다.

쓸어 치는 동작이나 찍어 치는 동작에 대해 대부분의 골퍼들은 생각대로 표현대로 스윙을 행하려고 한다. 그러나 이러한 생각이 전혀 도움이 되지 않는 것은 아니지만, 의도적인 쓸어 치는 또는 찍어 치는 동작은 좋지 않은 결과를 내기 쉽다. 쓸어 치거나 찍어 치는 동작은 결과에 의한 것으로 어드레스에 의해 결과가 만들어지게 해야 한다. 골프스윙은 어떤 클럽을 사용하던지 바닥에 놓인 볼을 클럽을 대각선의 궤도로 회전시켜서 때리는 운동이므로 찍어 쳐진다. 단지 볼이 스윙 궤도의 최저점에 도달하기 전에 맞게 되면 찍어 치는 결과가 만들어지는 것이고 스윙의 최저점에 정확히 도달했을 때 임팩트가 이루어지면 쓸어 치는 결과가 만들어지는 것이다. 따라서 쓸어 치려고 클럽을 의도적으로 빗자루질 하듯이 쓸거나 도끼로 장작을 패듯이 아래로 내려찍을 필요가 없다.

어드레스에서 웨지(wedge)처럼 셋업을 하면 지나치게 찍어 치는 형태가 되므로 체중은 약간 오른발에 치우친 느낌이 들 정도로 하고 그립의 위치는 왼 허벅지보다 약간 중앙 쪽에 위치시킨다. 이 자세에서 스윙을 하면 거의 쓸어 치는 것과 흡사한 스윙궤도가 나온다. 대부분의 실수는 어드레스가 저절로 쓸어 치게 된 자세인데, 그 자세에서 다시 한 번 의도적으로 쓸려고 하기 때문에 문제가 발생한다.

모든 클럽에 다 해당하는 것이지만 볼을 보낼 곳뿐만 아니라 놓인 볼을 정확하게 접촉시키는 것을 일차적인 목표로 삼아야 한다.

아무리 정확하게 어드레스를 하였을지라도 정작 볼을 정확히 때리지 못하면 아무 소용이 없다. 많은 골퍼들은 놓인 볼에 클럽이 닿기도 전에 볼이 날아갈 목표방향으로 시선을 옮기는 경향이 있는데 클럽헤드가 볼을 통과하는 순간까지 시선이 볼에 고정되도록 노력해 보기 바란다. 시선 유지의 노력은 클럽이 볼을 때리는 순간을 볼 수 없을지라도 너무 성급히 시선을 이동함으로써 발생되는 문제점들을 방지할 수 있다. 그렇다고 임팩트존(impact zone)을 지나 피니시때까지도 그렇게 하라는 것은 아니다. 몸이 회전됨에 따라 볼이 나가는 방향으로 시선이 따라가는 것은 자연스런 동작이다.

Chapter 03

숏게임

숏게임은 대부분 피치샷(pich shot)과 칩샷(chip shot)으로 이루어진다. 피치샷이라는 말은 어프로치샷(approach shot)과 거의 동일하게 사용된다. 피치샷은 단순히 기술적인 의미만 내포하고 있다면 어프로치라는 말은 좀 더 구체적으로 목표에 접근한다는 의미를 가지고 있다.

어프로치샷은 말 그대로 볼을 목표에 접근시키기 위한 샷이다. 볼을 목표에 접근시키기는 방법으로서 볼을 띄우는 방법과 굴리는 방법이 있다. 띄우는 방법은 피치샷이라고 하고 굴리는 방법은 칩샷이라고 한다. 이 두 샷을 위한 기본적인 어드레스는 거의 같다. 즉 스탠스(stance)는 약간 오픈스탠스를 취하고 체중은 왼발에 둔다. 심지어 아주 짧은 거리에서는 체중을 왼발에 거의 다 두어서 오른발 뒤꿈치가 들렸다는 생각이 들 정도로 체중을 왼발에 많이 둔다. 백스윙 때도 체중을 절대 오른쪽으로 이동시켜서는 안 된다. 만약에 이러한 이미지를 간과하였다가는 생각지도 못한 더핑이나 토핑을 하게 될지도 모르니 주의해야 한다. 어프로치샷은 어느 하나도 중요하지 않은 것이 없기 때문에 이전의 모든 과정이 모두 물거품이 될 수도있고, 위기를 극복하는 행운의 샷이 될 수도 있는 것이다. 더핑이나 토핑을 내면 원하는 거리만큼 볼이 나가지 않거나 목표를 지나가기 때문에 볼을 한 번 더 쳐야 한다. 특히 웨지는 이와 같은 더핑이나 토빙이 많이 발생된다. 그 이유는 앞에서 언급했듯이 클럽이 짧기 때문에 스윙 궤도가 작아 볼을 정확히 접촉시킬 수 있는 유효타격 범위(impact zone)도 짧다.

1. 피치 샷

① 피치샷(pich shot)을 할 것이지 칩샷(chip shot)을 할 것인지 결정한다.
② 선택할 클럽에 따라 볼의 착지점과 도달지점을 상상한다.
③ 볼의 착지점이 최종 목표라고 생각한다.

④ 짧은 거리(20m 이하)에서는 퍼팅그립을 한다.

⑤ 스탠스(stance)는 비교적 좁게 하고 왼발 끝을 벌린다.

⑥ 체중은 왼발에 두고 오른발로 이동시키지 않는다.

⑦ 어드레스 때부터 왼발을 축으로 삼아 몸을 회전시킬 수 있게 한다.

⑧ 적어도 어드레스에서 다운스윙 초기동작까지는 양 겨드랑이를 조인다.

⑨ 짧은 피치샷은 그립을 왼손 집개손가락(index finger) 2번째 마디에서 손바닥 생명선에 걸쳐 잡고 퍼팅그립을 한다.

⑩ 핸드퍼스트(hand first) 자세로 어드레스하고 어깨회전으로 백스윙을 한다.

⑪ 백스윙 중 클럽헤드를 위로 세운다(짧은 거리는 손목사용 억제).

⑫ 다운스윙은 왼발을 축으로 삼고 어깨를 풀다가 적당한 때에 팔을 펴서 볼을 때린다.

⑬ 볼에서 시선을 오래 잡아둔다는 이미지를 하면서 스윙을 한다.

⑭ 다운스윙 시 헤드를 볼에 큰 각으로(날카롭게) 떨어뜨린다고 이미지 한다(비교적 긴 거리).

⑮ 팔로우스윙(follow swing)을 제한하지 않는다.

파온(par on)을 시키지 못했을 경우 어프로치 샷을 해야 한다. 파온을 하지 못했을 때라도 어프로치샷을 잘 할 수만 있다면 파를 할 가능성이 매우 높아지므로 어프로치샷(approach shot)의 중요성에 대해서는 아무리 강조해도 지나치지 않다. 점수 줄이기를 원한다면 우선 이 샷을 연마하지 않으면 안 된다. 요즈음에는 기존의 웨지, 즉 피칭웨지, 샌드웨지 외에 갭웨지(gab wedge)와 로브웨지(lob wedge)가 상용화되면서 감각적인 샷의 범위를 상당히 많이 줄였다. 그만큼 숏게임을 쉽게 하게 되었음을 의미하는 것이다.

아무튼 놓여 있는 자신의 볼에 다가가서 피치샷을 할 것인지 칩샷을 할 것인지 결정해야 한다. 피치 샷도 어떤 클럽으로 해야 유리할지를 결정해야 한다. 피치샷은 대체로 100m 이내에서 이루어지는 샷으로 대개 웨지로 하게 되는데 어느 정도 실력이 붙은 중상급자의 경우는 52-60° 사이의 웨지를 사용하게 된다. 이것들은 볼이 떨어져서 많이 구르지 않을뿐더러 샌드웨지(sand wedge) 기능을 겸하고 있다. 따라서 어느 정도 바운스백(bounce back)*을 가지고 있어서 더핑에 대한 실수 완화 효과도 기대할 수 있기 때문이다.

기본적인 피치샷의 준비는 그립을 클럽헤드보다 앞쪽(hand first)에 위치시켜서 클럽이 볼부터 확실히 접촉하기 좋게 한다. 상황에

---

* 헤드의 밑면이 둥글게 되어 헤드가 지면을 통과할 때 잘 미끄러지게 설계된 것

따라서 볼을 오른발 쪽에 더 치우치게 해야 하는 경우도 있다. 즉 볼이 놓인 상태가 좋지 않거나 사용하려는 웨지의 거리가 모자랄 때 클럽헤드의 로프트를 줄여서 거리를 맞추고자 하는 경우가 되겠다. 이 샷은 임팩트 존이 짧기 때문에 정확한 임팩트를 위해 보폭과 체중의 위치 외에 백스윙에도 많은 주의를 해야 한다. 즉 오른 쪽 겨드랑이를 조인 상태에서 왼팔만 우측으로 밀어 주면 업라이트스윙이 되어 다운스윙이 지면에 수직적으로 내려오게 되므로 뒤땅치기의 위험이 많이 감소하게 된다. 물론 다른 스윙과 마찬가지로 오른쪽 팔꿈치가 셔츠의 오른쪽 옆구리의 재봉선을 벗어나지 않고 지면을 향하도록 하는 것이 좋다. 이때 볼의 구질은 대체로 높이 솟았다가 떨어져서 볼이 그린에 멈춘다.

아마추어 상급자들 중에는 골프게임 바로 전날에는 드라이버 연습을 별로 많이 하지 않는다. 그러나 초보자는 그 반대다. 어떤 초보자는 라운드 후 "드라이버는 잘 맞았는데 아이언은 맞지 않았다."고 말한다. 이것은 클럽의 길이 차이에 의한 스윙궤도 때문이다. 각각의 클럽은 자기의 최대거리를 가지고 있다. 각 클럽의 거리가 맞는 거리에서는 괜찮으나 특히 감각으로 쳐야 되는 샌드웨지의 풀스윙(full swing) 이하의 거리에서는 손목사용은 스냅(snap) 때문에 억제하는 것이 좋다. 손목의 지나친 사용은 볼이 정확하게 목표에 맞게 도달하기 어렵게 한다.

2. 칩 샷

① 그린의 경사면을 읽는다.
② 볼의 착지점을 정한다.
③ 클럽을 선택한다.
④ 보폭은 좁게 하고 체중을 왼발에 놓고 오픈스탠스로 어드레스를 한다.
⑤ 그립은 퍼팅그립을 한다.
⑥ 12 이론 적용을 고려한다.

짧은 거리일수록 더 신중하게 스윙을 하여 1퍼트로 마무리하도록 하여야 한다. 퍼터를 사용할 수 있으면 이것을 선택하는 것이 다른 아이언을 선택하는 것보다 대체로 더 안전하다. 그린의 굴곡이나 잔디 결을 확인하고 볼이 착지되었을 때 어떻게 구를 것이지 상상한다. 다음은 클럽을 선택해서 볼을 착지시킬 자리를 선택하여, 그 지점만을 목표로 삼고 깃대를 철저히 무시해야 한다. 이 기술은 스윙이 작아서 자칫 방심하기 쉬운데 왼발에 축을 확실하게 만들어 놓고 이 축을 중심으로 한 회전운동을 한다는 이미지를 해야 하며, 스윙동작에 사용되는 시간도 큰 스윙에 못지않게 걸린다고 생각하면서 천천히 스윙을 진행하는 것이 바람직하다.

칩샷에서 그린의 경사나 빠르기에 따라서 약간 차이가 있겠지만 칩샷의 12이론을 참고하면 많은 도움이 될 것 같아서 소개한다. 예를 들어 설명하면 내 볼에서 홀까지의 거리가 8m라고 하자. "어떤 클럽을 선택하면 쉽게 8m를 가게 할 것인가?"를 생각하지 않을 수 없다. 자신의 볼에서 가깝게 볼을 떨어드리는 것이 멀리 떨어드리기보다 쉽다. 즉 8번 아이언을 선택해서 볼을 짧게 띄우고 길게 굴리는 것은 피칭 웨지나 샌드웨지를 선택해서 길게 띄우고 짧게 구르게 하는 것보다 쉽다. 그러나 볼과 홀 사이에 장애물이 있으면 굴리고 싶어도 굴릴 수 없기 때문에 짧은 웨지를 선택할 수밖에 없지만, 이 때 외에는 12이론은 유용한 방법이 될 수 있다.

12에서 자신이 사용하고자 하는 클럽의 숫자를 뺀다. 만약에 8번 아이언을 선택했다면 12-8=4이다. 그러면 띄우는 거리가 1이면 구르는 거리는 4, 즉 띄운 거리의 4배가 된다고 믿는다. 9번 아이언을 선택했다면 12-9=3이다. 띄운 볼의 3배가 구른다고 믿는다. 피칭웨지를 선택했다면 12-10(p)=2, 볼을 띄운 거리의 2배가 구른다고 믿는다. 샌드웨지를 선택했다면 이 클럽은 볼을 굴리기 위한 것이 아니라 띄우기 위한 클럽이므로 이 이론에 해당하지 않는다. 볼이 2/3는 뜨고 1/3은 구른다고 믿어 보자. 홀까지의 거리가 멀어질수록 볼의 구름이 줄어든다는 것을 고려해야 한다. 물론 오르막이나 내리막 경사와 그린의 단단함과 그린의 빠르기를 고려하여 클럽선택도 가감해야 한다.

3. 퍼팅

퍼팅은 정해진 방법이 없다고 말한다. 아마도 골프기술에서 퍼트처럼 다양한 방법으로 시행하는 기술은 없을 것이다. 스탠스를 좁게 하기도 하고 넓게도 하고, 왼발을 열기도 하고 닫기도 하고, 심지어는 한 손으로 스트로크하기도 한다. 이루 다 설명하기 힘들 정도로 다양한 형태로 이루어지고 있다. 퍼터의 길이도 짧은 것에서 아주 긴 것에 이르기까지 있으며, 헤드의 모양도 T자형, D자형, L자형 등이 있으며, 샤프트도 직선형, 꺾임형 등이 있다. 퍼터도 로프트 각(loft angle)을 가지고 있다. 또 로프트 각도 너무 작으면 볼이 좌우로 휘어지기 쉬울 것이고 반대로 너무 크면 볼이 땅에 밀착해서 구르려고 하기보다는 튀어 오르려고 할 것이다.

바른 어드레스는 클럽헤드를 내려다보았을 때 눈 바로 아래에 볼이 놓이게 되었을 때 라이각(lie angle)에 적당히 맞춰서 어드레스했다고 말할 수 있다. 습관적으로 손목을 펴거나 꺾어서 어드레스하는 경우에도 클럽의 헤드는 눈 밑에 위치시키도록 한다. 곡면의 헤드 바닥은 다양한 라이 각에 적응하려는 디자인이다.

퍼터를 사용하는 플레이어들의 습관에 따라서 동일한 로프트각의 퍼터라도 어드레스의 형태에 따라서 실제 사용 시에 같은 각이 나오지 않을 수도 있다. 핸드퍼스트 형태의 어드레스에서는 로프트가 줄어들게 되므로 볼이 하향하려는 경향이 크다. 샤프트가 헤드보다 앞에 있는, 즉 오프셋(offset) 형태의 퍼터는 볼이 오른쪽으로 밀리는 것을 막아 준다. 오른쪽으로 볼이 밀리는 플레이어는 선택해 볼만하다. 그러나 일찍 홀을 확인하려는 플레이어는 오프셋에 관계없이 왼쪽으로 당겨질 수도 있음을 알아야 한다.

사용하는 방법도 정해진 방법이 없다. 자신이 가장 편하게 볼을 홀에 잘 넣을 수 있는 방법이면 된다. 벨리퍼터(belly putter)의 경우는 그립의 끝부분을 배에 대고 스윙하는 방법을 사용한다. 또 롱 퍼터는 그립의 끝을 한 손으로 잡고 가슴이나 목에 대고 다른 한 손으로 스윙을 한다. 이외에도 색다른 방법으로 퍼팅하는 경우도 많다. 골프가 아무리 역사가 오래되었을지라도 항상 스윙이 창조적으로 발달되고 있는 만큼 정해진 방법도 없다. 누구든지 자신만의 독특한 방법으로 좋은 점수를 낼 수 있다면 그 방법이 그 사람에게 가장 좋은 방법이 될 수 있는 것이다. 그러나 최근에 프로 대회에서 이러한 롱 퍼터를 사용해서 우승하는 선수들이 늘어나자 USGA와R&A는 롱 퍼터의 사용을 2016년부터 규제하기로 정했으나

PGA는 반대하는 입장이다. 향후 어떻게 결정될지는 두고 보아야 하겠다.

1) 퍼팅 그립

① 편안한 그립으로 스윙을 일관성 있게 한다.
② 왼손 엄지의 역할을 이용한다.
③ 엄지를 샤프트 중앙으로 쭈욱 뻗어 잡는다.
④ 양 손바닥은 마주잡는다.
⑤ 그립을 양손으로 균형 있게 잡고 주로 사용하는 손(오른손)으로 스트로크한다.

그립의 형태도 여러 가지일 수 있으나 여기에서는 가장 많이 사용되는 방법을 기준으로 설명하겠다. 먼저 오른 손등을 목표의 반대 방향으로 향하게 퍼터의 그립의 옆면에 대고 잡는다. 왼손은 검지를 오른손의 새끼손가락 위에 놓아서 역오버래핑(reverse overlapping) 그립을 취하고 왼손의 엄지는 오른손가락들을 느슨하게 풀어서 오른손바닥 생명선의 골에 위치시키어 퍼터의 그립 윗부분 정면 위에 올려 잡는다. 또 다른 방법은 이 그립 방법에서 오른손과 왼손의 위치를 바꿔 잡는 크로스핸드(cross hand) 그립법이 있다. 이 방법은 왼손을 아래로 잡음으로써 손목의 움직임을 제한시켜 숏퍼트에서 볼의 직진력을 높이려고 한 퍼트 자세이다. 팔과 몸이 일체된 자세로 만들기 위해서 양손바닥을 하늘을 향하게 하여 양 팔꿈치를 옆구리에 밀착시키는 방법도 있다.

2) 퍼트 어드레스

① 무릎을 구부린 약간 넓은 스탠스를 사용한다.

② 어드레스에서 눈은 볼 위에 놓고 양어깨는 양발선과 나란히 정렬한다.

③ 머리는 스트로크할 때까지 그대로 둔다.

④ 백스윙을 부드럽게 하기 위해서 퍼터 헤드를 약간 들어 올린다.

주시 테스트 방법

❶ 손으로 삼각형을 만들어 고정된 물체를 삼각형 안에 넣는다.

❷ 삼각형을 좁히고 난 뒤 번갈아가면서 한쪽 눈을 감는다.

❸ 처음 겨냥했던 물체가 보이는 눈이 주시다.

자세는 무릎을 약간 구부려 중심의 높이를 약간 낮춘다. 또 보폭도 약간 넓게 하여 안정성을 높인다. 눈의 위치는 볼의 바로 위가 좋다. 주로 사용하는 눈(dominant eye)의 위치에서 볼에 수직으로 내려지게 정렬한다. 스트로크 시에는 최소한 볼이 터치될 때까지만

이라도 머리의 위치를 변경시켜서는 안 된다. 볼이 홀에 떨어지는 소리가 들릴 때까지 머리를 움직이지 않으면 좋은 자세이다. 이것이 생각처럼 쉽지가 않다. 특히 짧은 거리의 퍼트에서 머리를 들어서 실수하는 경우가 대부분이다.

퍼팅그린의 지면은 완전히 평탄하지 않기 때문에 퍼터를 바닥에 대고 어드레스했다가 그대로 스윙을 하면 백스윙이나 다운스윙 때 뒤땅치기가 십상이다. 따라서 퍼터헤드는 약간 들어 올리고 어깨의 긴장을 풀어서 팔을 부드럽게 한다.

3) 퍼팅스트로크

① 라인을 따라 굴린다.

② 간단하게 직선으로 뺀다.

③ 스트로크 스윙의 상단(최저점을 지난 후)에서 볼을 접촉시킨다.

④ 퍼터 헤드의 유효타점 구역(sweet spot)으로 볼을 때린다.

⑤ 목표 선과 이은 중간 목표를 향하여 겨냥한다.

볼을 앞으로 보낼 때 흔히들 볼을 앞으로 민다는 느낌으로 하는데, 생각을 약간 바꿔서 볼을 굴린다고 느낌으로 스트로크를 하는 것이 좋다. 볼을 밀면 볼이 임팩트 후 볼이 밀려서 퍼팅라인을 벗어나기 쉽다. 목을 중심으로 양어깨를 교대로 올렸다 내리는 동작으로 스트로크를 한다. 즉 팔로우스윙 때 오른쪽 어깨는 내려가고 왼 어깨는 위로 올라가는 시소(seesaw) 타기처럼 상하로 회전시켜야 한다. 퍼팅스트로크는 아주 예민하기 때문에 정교해야 한다. 정교한 스트로크를 위해서 우선 백스윙이 간단해야 한다. 간단해야 한다는 말은 손목을 쓰는 것과 같은 작은 동작을 하지 말아야 한다는 뜻이다. 어떤 골퍼는 왼손으로 백스윙을 하고 오른손으로 스트로크를 하는 좌우측 손의 역할 분담을 주장하기도 한다. 퍼팅스트로크는 상당히 감각적인 면이 많은 기술이기 때문에 그 느낌이 누구에게나 같을 수 없겠지만 동작을 단순화시키는 것이 한 가지 방법일 수 있다. 또 어떤 골퍼는 손은 신경 쓰지 말고 어깨의 동작만으로 볼을 터치하라는 골퍼도 있다. 아무튼 제가 권하고 싶은 것은 백스윙을 지나치게 크게 하지 말아야 하고 팔로우스윙은 크게 해서 볼이 퍼팅라인을 따라 홀로 굴러가게 해야 한다는 점이다.

퍼터와 볼의 접촉면도 정확히 퍼터의 스위트스팟(sweet spot)에 맞춰야 볼의 방향이 변하지 않는다. 퍼터의 토우(toe)쪽에 맞은 볼은 볼이 우측으로 휘는 경향이 많고 반대로 힐(heel)쪽에 맞은 볼은 왼쪽으로 가는 경향이 있다. 그리고 스위트스팟에서 벗어나서 스트로크된 볼은 거리가 많이 줄어든다. 어떤 골퍼들은 내리막 퍼팅의 경우 일부러 볼이 스위트 스팟을 벗어나게 하여 볼이 지나치게 구르는 것을 막기도 한다. 말이 나온 김에 한 가지 더 소개하면 볼의 상단부를 퍼터의 스위트스팟 아랫면 부분으로 쳐도 볼의 탄성이 부족하게 하여 내리막 퍼트에 이용하기도 한다. 이와 같은 여러 가지의 볼과 퍼터의 특성을 이용하여 창조적인 생각으로 골프에 임해야 좋은 점수를 만들어 낼 수 있다.

신체동작에서 시선의 유지는 매우 중요하다. 물구나무서기를 배워본 적이 있는지 모르겠지만 처음 시도했을 때를 생각해 보자. 만약 시도해본 적이 없는 분들은 이번 기회에 한번 해보자. 먼저 양손의 위치에 맞게 정삼각형을 그려서 정면의 꼭지점을 정해서 한번은 꼭지점을 무시하고 물구나무서기를 시도하고 다음 한번은 꼭지점을 처음부터 끝까지 시선을 놓치지 않고 시도해 보자. 아마 두 번째 방법이 물구나무서기에 훨씬 도움이 될 것이다. 이것은 시선의 유지가 신체의 균형유지에 필수조건임을 증명하는 것이다. 골프 동작에서도 필요한 만큼은 시선을 유지시키는 것이 꼭 필요하다. 특히 퍼팅처럼 예민한 동작은 시선유지의 필요성이 더 요구되는 동작이다. 볼을 홀에 넣기 위해서 홀을 직접 겨냥하면 머리를 필요 이상 일찍 들게 되어 볼을 제대로 보지 않고 터치하기 쉽다.

많은 골퍼들이 볼의 상표(logo type)나 볼에 그어진 줄을 목표방향에 일치시키거나 직각으로 놓고 스트로크를 한다. 이 행위는 목표 방향으로 볼을 정확히 굴리고자 하는 의도도 있지만 선수가 자신도 의식하지 못하는 사이에 짧은 목표를 선정하게 되고 시선을 유지시키게 되어 몸의 틀을 안정적으로 유지하는 데에 도움이 된다. 또 어드레스 때 착시 현상이 일어나게 되는데 이것을 무시하고 처음에 판단했던 대로 믿고 스트로크를 할 수 있게 도와준다.

4) 기초적 퍼팅 전략

① 롱퍼트에서 단번에 홀 아웃시키려 하지 말고 홀에 접근시킨다.

② 롱퍼트에서 홀에서 1미터의 가상의 원을 그린 다음 그곳에 볼을 넣는다.

③ 가급적 볼을 내리막 퍼트로 남겨 놓지 않는다.

④ 그린의 경사를 읽는 연습을 한다.

⑤ 내리막 경사에서는 볼을 좀 모자라게, 그리고 오르막 경사에서는 약간 남게 친다(가상의 홀을 정한다).

⑥ 옆 경사면에서는 볼이 휘기 시작하는 지점까지만 보낸다고 생각한다.

많은 경우에 홀까지의 거리가 멀더라도 홀에 한 번에 넣으려는 시도를 하는 경우가 많다. 5-6m 이상 되는 거리는 한번에 홀 아웃(hole out) 될 확률이 매우 낮다. 이정도 이상의 거리에서는 단지 볼을 홀(hole)에 최대한 가까이 접근시키려는 시도를 하는 것이 마음이 편하다. 홀인 되면 다행이고 안 되면 다음번에 안전하게 홀인시키면 되는 것이다. 대체로 홀의 1m 이내의 거리에만 볼을 붙이면 심한 옆경사만 아니라면 경사에 관계없이 홀인시킬 수 있기 때문에 다음 스트로크에 대한 심적 부담을 없앨 수 있다.

볼이 홀을 지나치지 않으면 볼이 홀에 들어갈 기회는 없다. 볼이 꼭 홀을 지나치게 스트로크 해야 한다. 그러나 주의할 것은 내리막 라인을 가급적 피하도록 하는 것이 좋다. 내리막 경사는 볼이 예상보다 많이 구른다. 옆 경사에서도 브레이크(brake) 효과가 있어서 볼이 휘게 된다. 반대로 오르막 라인에서는 위와 같은 지면의 영향을 덜 받기 때문에 홀인의 확률이 훨씬 높다.

5) 그린 읽기

① 그린에 접근하면서 그린의 전체적인 기울기를 살핀다.

② 볼 뒤에 마크를 한다.

③ 홀 뒤로 가서 홀과 볼을 이은 선을 보고 경사를 확인한다.

④ 라인 주위에 마운드가 있는지 확인한다.

⑤ 홀에서 볼까지의 거리를 측량한다(긴 거리의 경우).

⑥ 주위를 걸으며 확인 시 그린의 딱딱함이나 잔디의 결을 읽는다.

온 그린(on green)을 시킨 후 그린 쪽으로 접근하면서 그린의 전체를 보고 높은 쪽과 낮은 쪽을 전체적으로 느낀다. 대체로 능선 쪽이 높으며, 계곡 쪽이 낮다. 다음은 그린 위에 올라가서 부분적으로 높은 곳들을 확인한다. 그린 내에서도 부분적으로 높은 곳과 낮은 곳이 있다. 그 높낮이의 정도를 확인해야 한다. 잔디결의 방향도 확인해야 한다. 잔디는 햇빛을 많이 받는 서향 쪽을 향하는 경우가 많다. 또 물이 가까이 있으면 물의 방향으로 향하는 경우도 많다. 시각적인 판단으로는 잔디가 윤기가 나서 반짝반짝 빛나면 순결이고 진하고 거칠어 보이면 역결이다. 또 라인 주위를 걸으면서 그린이 부드러운지 딱딱한지 확인한다. 순결은 잘 구르고 역결은 덜 구른다.

6) 퍼트하기

① 마크와 홀 사이의 거리를 발걸음으로 잰다(롱 퍼트의 경우).
② 홀 뒤와 옆에서 라인의 기울기를 확인한다.
③ 홀 주위의 기울기와 잔디 결을 세심히 살핀다.
④ 볼의 라인이나 로고를 목표 선을 퍼터 페이스에 직각 또는 평행으로 맞춘다.
⑤ 선에 맞춰 어드레스한다.
⑥ 한두 번 빈 스윙을 하여 어깨의 긴장을 푼다.

⑦ 볼의 라인을 믿고 거침없이 스트로크를 한다.

　그린에 올라가면서 전반적인 그린의 형태를 읽고 올라간 볼과 홀과 일직선에 맞춰 볼 뒤에 마크(mark)를 하고 마크의 반대쪽으로 퍼트라인과 나란히 걸으면서 볼과 홀의 거리를 확인했으면 발걸음으로 거리를 잰다. 걸을 때 어떤 플레이어는 자신의 라인 위를 걷는 이가 있는데 자신의 라인에 발자국이 생길 수 있기도 하고, 동반자들도 자신의 라인을 읽느라고 분주하고 예민하므로 자신의 융통성 없는 행동이 그들에게 불쾌감을 줄 수 있으니 상황을 잘 파악해서 눈치껏 행동해야 한다. 발걸음으로 재는 것도 5, 6m 이상 되는 거리는 백스윙의 크기를 얼마로 할 것인가? 아니면 그 이하는 얼마로 할 것인가는 본인이 그 거리에 대한 경험을 연습으로 확실하게 만들어야 한다. 거리를 여러 토막으로 나누어 거리별 백스윙의 크기를 만들어서 자기만의 운동감이 만들어져 있을 때만 효과가 있다.

　스트로크를 하는 리듬은 작은 스윙이나 큰 스윙이나 동일하게 한다. 경험이 쌓이면 대부분의 거리의 경우는 홀을 쳐다보는 것만으로도 우리 몸이 자동으로 계산을 해주기 때문에 지나치게 계측한 수치에 의존하지 말아야 한다. 이러한 행동은 골퍼의 정신을 불안하게 하여 근육을 경직시킬 수도 있기 때문이다.

동반자가 퍼트할 때 그들의 시야에 자신의 모습이나 그림자 등이 보여서는 안 된다. 개중엔 동반자의 볼의 구름을 통해서 정보를 얻으려고 퍼트하는 플레이어의 정면 또는 직후방에서 관찰하는 경우가 있는데 이런 행위는 동반 플레이어가 집중할 수 없도록 하는 원인이 될 수도 있으니 삼가야 한다.

앞에서 언급했듯이 순결에서는 볼의 속도가 빠르기 때문에 거리를 짧게 보아야 하며, 역결에서는 속도가 느려서 거리를 길게 보아야 한다. 순결과 역결의 차를 몇 %로 할 것인지는 오로지 자신의 몫으로 평소의 연습에서 얻어진 느낌으로 해야 한다. 내 볼과 홀의 거리가 열 발자국이라면 역결에서 열한발자국으로 볼 것인지 아니면 그 이상으로 볼 것인지는 자신의 볼과 홀 사이의 경사를 고려해서 정해야 한다.

내리막 오르막 경사 또는 오르막 내리막 경사에서는 거리를 가감하여 서로 상쇄시켜 퍼트할 수도 있으며, 오르막이나 내리막을 따로 따로 계산한 다음 합해서 퍼트할 수도 있다. 긴 퍼트에서는 볼이 홀에 들어가지 않았을 때를 대비하여야 한다. 대체로 오르막 퍼트는 내리막 퍼트보다 쉬우므로 다음 퍼트가 오르막 퍼트가 되도록 하는 것이 유리하다.

옆 경사면에서의 퍼팅이 다른 라인에서보다 좀 어렵다. 얼마나 경사를 보아야 하는지 어느 정도의 세기로 볼을 터치해야 할지 판단이 쉽지 않다. 이때는 홀을 절대 겨냥하지 말고 볼이 휠 것이라고 예상되는 지점까지만 볼을 보낸다는 생각으로 스트로크 하는 것이 중요하다. 나머지는 신경 쓰지 않아도 된다. 옆 경사에서 홀을 직접 겨냥하다가는 너무 강하게 터치하게 되어 다음 번에도 홀인 시키기 어려울 수 있다. 슬라이스라인은 훅 라인보다 경사를 약간 더 크게 보아야 한다는 말도 있으나 참고 사항이니 본인의 경험에 따라 판단하기 바란다.

퍼트에서도 다른 스윙과 마찬가지로 리듬이 매우 중요하다. 목표의 크기가 작기 때문에 매우 예민한 동작이 요구된다. 필자는 동일한 리듬을 위해서 임팩트 때 가격하는 힘을 일정하게 하라고 강조한다. 각각의 거리에 대응하기 위해서 백스윙의 크기만 달리하면 된다. 대비되는 방법으로 백스윙의 크기를 일정하게 하고 힘의 크기로 거리를 맞출 수도 있을 것이다. 이 방법은 퍼트에서 중요한 거리조절을 볼을 때리는 힘의 크기를 오로지 근육에 내재된 근육운동감각(kinesthetic sense)*에 의존해야 하므로 많은 연습이 요구된다. 아무리 연습해도 지나치지 않은 것이 퍼트인데 굳이 시간이 많이 필요한 방법을 택할 이유가 없을 것 같다. 백스윙의 크기로 볼의 거리를 조절하는 방법은 백스윙의 크기는 시야에 들어오기 때문에

---

*   근육운동감각

눈으로 확인 가능하다. 눈에 보이지 않는 근육운동감각보다는 더 정교한 퍼트를 가능하게 할 수 있다. 그러나 이러한 방법들은 연습에 의한 경험에 나오는 것이니 연습을 게을리 해서는 안 된다.

가장 좋지 않은 방법은 백스윙의 크기와 가격하는 힘의 크기를 각각 다르게 하는 것이다. 계산이 너무 복잡하다. 정량화되지 않은 힘의 크기의 변화와 백스윙의 크기가 뒤얽혀 경우의 수가 너무 많을 수 있다. 아무튼 가격하는 힘의 크기를 동일하게 정하면 매우 단순하다. 예를 들면 가격 때의 힘을 "1" 이라고 가정한다면 1 x (백스윙의 크기)만 확인해서 스트로크하면 볼의 거리는 저절로 정해진다. 즉 백스윙의 길이만으로 거리를 맞출 수 있어서 단순하다. 가격하려는 힘과 백스윙의 크기를 각각 달리한다면 가격하려는 힘이 1, 3, 5, 7 이고 백스윙의 크기도 10, 20, 30, 40cm라면 $2 \times (4 \times 4) = 32$, 즉 32가지의 방법으로 제어해야 한다. 그러나 백스윙의 크기로 제어하면 4가지에 지나지 않는다.

Chapter 04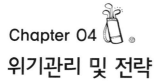
위기관리 및 전략

1. 디보트 자리에 놓인 볼에 대한 처리

① 볼이 놓인 디보트의 앞턱과 뒤턱을 확인(볼이 놓인 자리를 면밀히 관찰)한다

② 볼이 앞턱이나 뒤턱에 걸릴 것 같으면 페어웨이 우드의 사용은 포기한다.

③ 평소 거리보다 한두 클럽 긴 채를 선택한다.

④ 왼발에 체중이 더 많이 놓인 어드레스를 한다.

⑤ 그립은 핸드퍼스트(hand first)를 취한다.

⑥ 볼은 중앙보다 오른쪽에 위치시킨다.

⑦ 얼리코킹(early cocking)의 백스윙을 한다.

⑧ 간결한 스윙으로 임팩트하고 마는 스윙(펀치샷)을 한다.

⑨ 볼이 날아가는 경로를 상상하여(볼이 휘는 모습) 목표를 정한다.

바로 앞의 샷이 참 좋았지만 막상 볼을 확인해 보니 볼이 디보트 (divot) 자리에 놓여 있으면 참 억울함을 느끼지 않을 수 없을 것이다. 디보트 자리는 상황에 따라서 다르겠지만 대부분은 작은 샌드벙커(sand bunker)에 빠진 것이나 다름없다. 골프규칙은 이것에 대한 구제가 없기 때문에 이러한 상황에 잘 대처하는 방법밖에 없다. 단순히 탈출만을 하려 한다면 일반적인 샌드벙커에서의 요령으로 하면 된다. 그러나 앞으로의 거리가 많이 남아서 온그린(on green)이 불가능할 경우를 제외하곤 탈출로만 만족할 수 없을 것이다. 대개의 디보트 자리는 샌드벙커와는 달리 좁은 공간인 경우가 대부분이다. 따라서 대부분의 경우는 샌드벙커에서처럼 처리할 수 없는 경우가 대부분이다.

디보트에 빠진 볼은 자칫하면 더핑(duffing)을 내게 되어 낭패 보기가 쉽다. 또 대부분의 경우는 디보트의 턱이 높기 때문에 볼은 상대적으로 지면 아래에 가라 않은 형태가 된다. 따라서 스윙 중에 클럽이 볼에 접촉하기 전에 볼의 뒤의 지면을 먼저 치게 되거나 볼의 윗부분을 치게 되는 경우가 발생되기 쉽다.

정상적인 면에서 사용하던 클럽보다 1–2클럽 큰 클럽을 선택해서 체중은 약간 왼발 쪽에 치우치게 놓고 볼은 약간 오른쪽에 더 놓아서 그립이 확실히 핸드퍼스트(hand first)가 되게 어드레스한다. 백스윙은 오른쪽 겨드랑이를 조였다 싶을 정도로 하여 코킹을 일찍 한다. 볼이 디보트 가운데에 놓였을 때에는 디보트의 앞턱 때문에 임팩트 후 클럽을 곧 멈추는 느낌으로 스윙을 해야 한다. 앞으로 길게 밀어 치면 손목을 다칠 수도 있다. 이러한 샷을 "펀치샷(punch shot)"이라고 부르며, 평소의 클럽으로는 거리가 부족할 수 있기 때문에 클럽을 큰 것을 선택해야 한다. 그러나 볼이 놓인 상태가 나쁘면 한 번 더 칠 각오로 다음 샷을 하기 좋은 곳으로 볼을 쳐 내는 것도 현명한 전략일 수 있다.

디보트 자리에 놓인 볼의 형태에 따라서 볼의 방향도 변할 수 있다. 볼이 디보트 자리의 왼쪽 턱에 걸쳐 있다면 이 볼은 오른쪽으로 휠 가능성이 있다. 이때는 목표의 왼쪽을 겨냥하는 것이 좋다. 놓인 볼의 형태가 디보트 자리의 오른쪽 턱에 걸쳐 있다면 그 반대다. 볼이 디보트 자리의 앞턱에 걸려 있는 경우는 넉 다운 샷(knock down shot)으로 볼부터 내려치는 것이 유리하다. 뒤턱에 걸쳐 있는 볼은 볼 바로 앞면이 파였기 때문에 만족할 만한 결과를 만들어 내기가 쉽지 않다. 이 경우는 평소보다 볼을 약간 왼발 쪽에 치우치게 놓고 머리를 볼 뒤에 위치시키고 스윙을 하면 볼만을 걸어 올려 치는 결과가 만들어진다. 이렇게 해야 볼이 디보트 내에서 팅기는 것을 막을 수 있다. 디보트의 뒤턱이 가까워서 클럽헤드가 걸릴 것 같으면 볼을 깨끗이 쳐내는 것은 포기하고 레이오프(layoff)*해야 한다.

2. 벙커샷

① 그립은 윅그립(weak grip)을 한다.
② 발을 우선 모래 바닥에 단단하게 묻는다.
③ 볼을 왼발 뒤꿈치 선에 맞춘다.
④ 왼발 스탠스는 오픈시킨다.
⑤ 약간 목표의 왼쪽을 겨냥한다.
⑥ 클럽헤드가 볼 뒤 2-3cm 뒤에 떨어지게 스윙한다.
⑦ 체중이 왼쪽으로 이동되는지 확인하고 팔로우 스루(follow through)한다.

골프에서 벙커라고 하면 벙커에 모래가 담겨 있는 샌드벙커(sand bunker)와 벙커 안이 잔디로 조성된 잔디 벙커가 있다. 여기에서는

---

*   1타를 포기하고 다음 샷을 하기 좋은 장소로 공을 보내는 샷

샌드벙커에서 볼을 탈출시키는 요령에 대해서 설명하겠다. 그립은 웍그립(weakgrip) 또는 스퀘어그립(square grip)을 하고 클럽헤드의 리딩에지(leading edge)를 핀과 직각 또는 우측을 향해 맞춘다. 왼발의 스탠스는 오픈시켜서 목표선의 왼쪽으로 양발의 선이 만들어지도록 한다. 오픈된 스탠스의 양에 따라 클럽헤드의 열린 정도도 늘리거나 줄여야 한다. 벙커 턱이 높아서 높은 탄도의 볼이 요구되거나 짧은 거리의 경우는 스탠스를 많이 열고 클럽도 목표선보다 더 많이 열고 어드레스를 한다. 스윙은 슬라이스 성 구질에 대비하여 목표보다 약간 좌측을 겨냥한다. 또 양발은 지면(모래)을 발로 문질러 밟아 눌러서 발이 안정되게 한다. 스윙 중에 부드러운 모래로 인해 균형을 잃을 수 있기 때문이다. 클럽헤드를 열어서 웍그립을 하는 것은 클럽헤드가 모래에 접했을 때 저항을 적게 받기 때문에, 즉 샌드웨지의 클럽헤드의 바운스(bounce) 부위가 먼저 모래에 닿아서 모래를 깊이 파고 들어가지 못하게 하기 위한 것이다.

스윙 중 주의할 것은 팔로우스윙을 충분히 해서 클럽헤드를 모래 바닥에 쳐 박고 멈추는 일이 없도록 해야 한다. 벙커 샷은 페어웨이에서의 어프로치샷의 1/2정도만 나가기 때문에, 거리 별 스윙의 크기는 그 2배의 세기로 타격해야 거리를 맞출 수 있다. 그러나 스탠스와 헤드 면을 많이 열었을 경우는 볼이 1/3밖에 안 나갈 수도 있다.

앞에서 말했듯이 거리가 짧을수록 클럽헤드나 스탠스의 오픈 각이 더 커진다. 반대로 30-40yds이상의 긴 거리의 벙커탈출에서는 스탠스의 오픈 각이 많이 줄어들게 되고 클럽도 많이 세워져야 한다. 심지어 피칭웨지나 9번 웨지로 탈출을 시도해야 하는 경우도 있다. 클럽헤드를 세워서 멀리 보내기 위한 스트롱그립(strong grip)은 클럽헤드가 모래에 접촉하는 순간 모래의 저항으로 클럽헤드가 엎어지면서 모래에 박히는 문제가 발생될 수 있으므로 주의해야 한다.

오른손목의 사용은 가급적 제한해야 클럽헤드를 모래 바닥에 처박는 동작을 예방할 수 있다. 다시 말해서 왼손을 중심으로 볼 뒤의 모래를 지나 충분히 팔로우스윙을 해야 한다. 클럽의 날을 볼 뒤 2-3cm 뒤에 떨어뜨려 볼 밑을 통과시킨다. 이 때 모래가 튀면서 볼까지 함께 이동시킨다.

볼이 모래에 박혀있는 경우는 벙커탈출이 쉽지 않다. 이때는 몇 가지 방법이 있는데 그 중에 하나가 클럽의 목(샤프트와 헤드의 연결부위의 꺾인 점)으로 볼의 2-3cm 뒤의 모래를 쳐서 탈출시키는 방법이 있다. 심하게 모래에 박혔을 때 유용하다. 또 한 가지 방법은 클럽헤드를 세워서 볼 뒤의 모래를 잘 파고 들어가게 하여 볼을 탈출시키는 방법이 있다. 좀 더 자세히 설명하면 볼을 스탠스의 중앙에 마주하는 곳에 놓고 백스윙의 코킹을 몸 앞에서 바로 하여 백스윙을 완성한 다음 클럽헤드의 리딩에지로 볼의 중앙을 친다는 느낌으로 친다. 볼은 비교적 낮은 탄도로 탈출되어 비교적 길게 구른다. 가속을 멈추지 말고 팔로우스윙을 확실히 해야 한다.

경사면에 놓인 볼은 어드레스 시 어깨를 경사면과 나란히 하는 것을 잊지 말아야 한다. 벙커 앞턱이 높을 경우도 오른쪽 어깨를 낮춰서 어드레스를 하고 스윙을 하면 상향 스윙이 만들어져 쉽게 벙커 턱을 넘길 수 있게 된다. 팔로우스윙을 확실히 하여 피니시에 이르기까지 가속이 줄지 않도록 하여야 한다.

볼이 모래에 박혀 있는 상황에서 일반적인 벙커 탈출방법으로는 클럽헤드가 튀기면서 토핑을 내는 경우가 있으므로 조심해야 한다. 대부분의 경우에 필요한 만큼보다 볼에서 더 많이 뒷부분을 침으로써 볼을 탈출시키지 못하는 경우가 많다.

다시 한 번 정리하면 코킹이 지나치게 빨리 풀리지 않게 해서 자신이 예상했던 지점보다 훨씬 뒷부분을 치지 않도록 해야 한다. 또 모래는 부드럽기 때문에 발이 약간 묻히게 되는데 묻힌 만큼 클럽을 짧게 잡아야 한다. 발로 모래를 비벼 눌러서 스탠스의 안정을 취한 다음 그립을 하는 것이 좋지만 의식적으로 발로 모래를 짓이기는 동작은 라이(lie)개선이 되므로 삼가야 한다. 볼은 왼발 쪽에 위치시키고 왼발 앞 끝을 열어서 체중을 오른발에 더 많이 두는 것이 클럽헤드가 모래를 통과하기에 좋다. 백스윙은 겨드랑이가 조여진 채로 해야 다운스윙 때도 겨드랑이가 느슨해지는 것을 막기 때문에 자신이 바라던 위치에 클럽헤드를 떨어뜨릴 수 있다. 열린 그립과 스탠스 때문에 임팩트 때 볼이 깎여 맞게 되므로 볼이 떨어진 다음 오른쪽으로 휠 수 있으므로 목표의 약간 왼쪽을 겨냥한다. 벙커 턱이 높은 경우 스탠스와 클럽헤드를 더 많이 열고 오른쪽 어깨를 낮춰서 어드레스한다. 스윙은 가속이 줄지 않게 피니시까지 단숨에 해야 한다.

3. 러프탈출

① 가능한 한 클럽의 각도가 큰 클럽을 선택한다.
② 클럽 면을 약간 열고, 스윙 중 손목을 견고하게 유지시킨다.
③ 스탠스는 약간 열고 업라이트스윙(upright swing)을 구사한다.
④ 볼이 낙하한 후에 평상시보다 더 많이 구른다.
⑤ 목표의 오른쪽을 겨냥한다.

골프경력이 많지 않은 사람들은 러프에 놓인 볼에 대한 두려움이 별로 없다. 그러나 고급수준의 골퍼들은 절망감을 느끼지 않을 수 없다. 초보자는 그곳에서 탈출만 해도 성공이지만, 상급자는 레귤러온(regular on)＊을 시켜야 하기 때문에 러프를 두려워하지 않을 수 없다. 볼이 러프에 박혀서 잘 보이지 않을 정도로 가려져 있다면 핀을 노릴 수 없다. 단지 그 러프에서 탈출하는 것만으로 만족해야 한다. 설사 볼이 보일지라도 잔디가 볼의 윗부분 이상 덮인 모습일 때에는 한 번 더 칠 각오로 전략을 세워야 한다. 강하게 다운스윙을 하면 할수록 클럽 목에 감기는 잔디의 저항도 비례해서 커지므로 그립을 견고히 하고 목표의 오른쪽을 겨냥해서 스윙을 해야 한다. 로프트가 큰 클럽은 볼을 빨리 띄워 주며, 다운스윙궤도도 비교적 가파르기 때문에 잔디를 접하고 있는 시간이 짧으므로 볼을 탈출시키는데 유리하다. 반대로 로프트가 작은 클럽은 스윙궤도가 플랫하기 때문에 잔디를 접촉하는 시간이 길므로 잔디의 저항을 더 많이 받는다. 같은 번호의 클럽일지라도 업라이트스윙을 하는 것이 유리하다. 왼발을 약간 뒤로 빼서 오픈스탠스로 셋업을 하면 더 업라이트스윙이 되고 클럽헤드의 로프트도 열리게 되어 볼을 탈출시키기에 유리하다. 잔디의 저항에 의해 볼이 훅볼(hook ball)이 날 것을 고려해 클럽을 열고 어드레스를 하는 것도 방법 중의 하나일 수 있다. 그러나 목표보다 오른쪽을 겨냥해서 스퀘어로 어드레스하는 방법은 클럽헤드 면이 열리지 않아 볼을 탈출

＊ 그린에서 2회의 퍼트로 홀 아웃을 가정한 이전까지의 타수. 예) 파(par)4홀에서는 2타에, 파5홀에서는 3타에 볼을 그린에 올리는 것

시키지 못할 수 있으니 잘 판단해야 한다.

러프에 놓인 볼은 잔디에 떠 있는 경우도 있으며, 잔디에 가라앉아 있는 경우도 있다. 특히 볼이 잔디의 중간쯤에 묻혀 있을 경우 잘 관찰하지 않으면 볼이 지면 바닥에 닿아 있는 것으로 착각할 수 있다. 자칫하면 볼은 제자리에 있고 클럽헤드만 볼 밑을 통과시키는 샷이 되기 쉽다. 이때의 샷 요령은 마치 샌드벙커 때와 같이 클럽을 설정하고, 또 볼이 러프에 떠있는 정도를 고려해서 그럽도 떠있는 만큼 내려 약간 짧게 잡고 스탠스와 클럽헤드를 많이 오픈시켜서 어드레스를 한다. 체중은 왼발 쪽에, 볼은 오른발 쪽에 놓고 아웃사이드인의 스윙으로 볼이 보이는 밑면을 정확히 가격하여야 한다. 샷은 과감하고 강하게 하여야 한다. 이 상황에서는 거리를 맞추는 것이 매우 어렵기 때문에 주의하지 않으면 안된다.

볼이 러프 속에 묻혀 바닥에 닿아 있고 볼의 머리 위부분만 보일 때는 앞에서 말했듯이 숏 아이언을 선택하여 볼을 그곳에서 탈출시키는 것에 만족해야 한다. 샌드벙커에서처럼 클럽의 날로 볼이 보이는 경계에서 1–2cm 볼 뒤를 겨냥한다. 실제의 볼은 잔디에 묻혀서 보이는 것보다 더 크기 때문이다. 볼의 라이가 괜찮다면 5번이나 7번 우드도 고려해볼만하다. 이 클럽들은 바닥 면이 넓어서 잘 미끄러지므로 잔디의 저항을 적게 받는다.

롱아이언은 스윙궤도가 커서 임팩트존이 크다. 따라서 볼의 뒤에 있는 잔디를 밀면서 볼과 클럽이 접촉되기도 전에 볼을 잔디가 밀어 볼이 움직이게 되거나 많은 잔디가 클럽과 볼 사이에 끼이므로 원하는 볼을 칠 수 없을 수 있다. 클럽헤드와 볼 사이의 잔디는 마찰을 감소시키므로 백스핀이 적게 걸려서 평상시보다 더 많이 구른다.

플레이어 중에는 어드레스 때 볼의 뒷면을 누르는 플레이어가 있는데 이런 행동은 볼이 놓인 상황을 개선하는 행위, 즉 규정 위반이기 때문에 벌타가 부과되는 행위이므로 삼가야 한다. 또 잔디가 움직이면서 볼을 움직이게 할 수도 있다.

4. 경사면

① 어깨를 경사면과 나란히 한다.
② 볼이 발보다 높으면 목표보다 오른쪽을 겨냥한다.
③ 볼이 발보다 낮으면 목표보다 왼쪽을 겨냥한다.
④ 오르막 라이에서는 목표보다 오른쪽을 겨냥한다.
⑤ 내리막 라이에서는 목표보다 왼쪽을 겨냥한다.
⑥ 어드레스 시 어깨를 경사면에 나란히 한다.
⑦ 체중은 경사면에 의해 분배되는 대로 놓는다.

⑧ 볼은 오르막 라이에서는 스탠스 중앙에, 내리막 라이에서는 약간 오른발 쪽에 놓는다.

⑨ 내리막 라이에서는 얼리코킹(early cocking)에 이은 백스윙을 한다.

⑩ 하체의 움직임을 제한하고 상체로만 스윙한다는 이미지를 갖는다.

목표 쪽으로 내리막인 볼은 오른쪽으로 슬라이스가 나며, 반대로 오르막인 경우는 왼쪽으로 훅이 발생된다. 또 볼이 발보다 낮은 경우도 슬라이스가 나고 볼이 발보다 높은 경우는 훅이 난다. 볼을 칠 때는 경사도의 크기를 고려하여 목표를 수정하지 않으면 안 된다.

1) 오르막 경사

① 보통 때보다 각도가 낮은 클럽을 선택한다.

② 그립을 약간 짧게 잡는다.

③ 체중을 오른발 쪽에 놓는다.

④ 볼은 스탠스의 중간 또는 약간 후방에 놓는다.

⑤ 백스윙을 평상시보다 작게 해서 경사면을 따라서 스윙한다.

⑥ 목표의 오른쪽을 겨냥한다.

오르막 경사에서는 클럽헤드의 로프트가 열리므로 오르막의 경사가 크면 클럽도 로프트가 작은 클럽으로 바꿔야 한다. 만약에 거리만 맞추고 경사도에 따른 클럽선택을 하지 않는다면 클럽의 로프트가 늘어나기 때문에 예상했던 것보다 볼의 거리가 훨씬 짧아질 것이다. 또 경사면에서는 평지와는 달라서 백스윙과 팔로우 스윙을 충분히 할 수 없기 때문에 볼에 전달되는 힘도 약하다. 또 경사면에서는 일관된 스윙이 어려우므로 클럽을 약간 짧은 느낌이 들 정도로 짧게 잡고 스윙하는 것이 효과적이다. 더군다나 오르막 경사이기 때문에 클럽을 긴 것을 선택하였을 것이므로 약간 짧게 잡고 정확하게 가격시키는 것이 중요하다. 볼은 스탠스의 중앙이나 약간 오른쪽에 위치시키는 것이 좋다. 볼을 왼발 쪽에 놓으면 볼을 떠 올리는 스윙이 되어서 볼의 탄도가 지나치게 높아서 예상한 목표에 도달하지 못할 수가 있다. 또 스윙궤도의 최저점이 볼보다 뒤에 만들어지므로 뒤땅을 칠 위험도 안고 있다. 따라서 볼을 스탠스의 중앙이나 후방 쪽에 놓아서 클럽헤드가 볼에 충분히 미치지 못해서 야기되는 뒤땅치기(duffing)나 볼의 머리 때리기(topping)을 미리 방지하는 세심한 준비가 필요하다.

체중은 자연히 경사면의 아래쪽에 위치한 오른발에 놓이게 된다. 왼발에 체중을 놓기도 어렵지만 억지로 체중을 놓고 스윙을 하게 되면 오른쪽 어깨가 왼어깨보다 위로 올라가면서 악성 훅을 유발시킬 수 있으므로 주의하지 않으면 안 된다. 또 임팩트가 이루어진 다음 오르막 경사에 클럽의 진행이 막혀서 원치 않았던 펀치샷 (punch shot)이 되어 거리도 모자라고 볼의 방향도 좋지 않게 될 수 있다. 이 경우에 손목을 다칠 수도 있으니 주의해야 한다.

앞에서도 언급했듯이 경사면에서의 스윙은 평지보다 훨씬 어렵다. 따라서 클럽을 조금 짧게 잡는 것뿐만 아니라 스윙도 평지에서보다는 조금 작게 한다는 느낌으로 볼을 정확하게 스위트스팟 (sweet spot)에 접촉시켜야 한다. 어드레스 때 양 어깨를 경사면에 평행하게 맞추면 자연스럽게 스윙궤도도 경사면에 따라서 만들어지게 된다. 이러한 어드레스는 체중을 자연스럽게 경사면의 아래쪽에 위치하게 하여 스윙 때 뒤땅을 치는 위험도 줄어들게 된다. 임팩트 이후의 몸동작이 제한되어 임팩트 이후의 동작이 감아 위로 퍼올려 치는 형태가 되어 볼이 왼쪽으로 휘므로 오른쪽을 겨냥해야 한다.

2) 내리막 경사

① 어깨를 경사면과 나란히 한다.
② 보통 때보다 각도가 큰 클럽을 선택한다.
③ 볼이 낙하한 다음에 평상시보다 더 많이 구른다.
④ 오른쪽 무릎은 굽히고 체중은 왼쪽에 놓는다.

⑤ 볼은 스탠스의 약간 후방에 놓는다.

⑥ 목표의 왼쪽을 겨냥한다.

내리막 경사에 놓인 볼을 칠 때에는 특히 조심해야 하는 것이 토핑이나 더핑이다. 오르막 경사에서와 마찬가지로 내리막 경사면도 경사면에 잘 순응하는 셋업을 해야 한다. 사람은 본능적으로 무게중심을 향하여 수직으로 서려고 한다. 따라서 스윙궤도를 만드는 데 적지 않은 장애를 받게 된다. 이러한 문제를 피하기 위해서 체중을 왼발에 놓고 어깨를 경사면에 나란히 한다. 백스윙도 급격하게 들어 올리는 업라이트스윙을 하고 다운스윙도 다리의 움직임을 최소로 하여 마치 상체로만 스윙하는 듯이 하는 것이 좋다.

클럽의 선택은 경사면 때문에 보통 때보다 로프트가 큰 클럽을 선택해야 볼이 목표를 지나치지 않을 것이다. 아무리 더핑이나 토핑을 막기 위한 셋업을 했을지라도 문제가 발생될 수 있기 때문에 볼은 스탠스의 우측에 치우치게 놓는다. 이 상황에서는 오른쪽으로 휘는 슬라이스 볼이 만들어지기 때문에 목표의 왼쪽을 겨냥한다.

3) 볼이 발보다 높을 때

① 볼을 스탠스의 중간에 놓는다.

② 클럽을 약간 짧게 잡는다.

③ 무릎은 유연하게 하고 그립은 견고하게 한다.

④ 체중은 발 앞쪽에 둔다.

⑤ 훅볼(hook ball)이 나는 것을 고려해서 목표의 오른쪽을 겨냥
한다.

볼이 발보다 위에 놓였을 때에는 볼을 스탠스의 중간에 마주하
는 위치에 둔다. 클럽은 발보다 높은 만큼 짧게 잡아서 뒤땅을 치
지 않도록 한다. 무릎은 지나치게 경직되게 하지 않고 상체 위주의
스윙을 한다. 이 때 체중은 발 앞 뿌리 쪽에 두어 몸과 지면이 이루
는 각도가 변하지 않도록 해야 한다. 손목과 샤프트가 이루는 각
도도 변경되지 않도록 그립도 약간 단단하게 잡는다. 이상의 준비
가 갖춰지면 척추를 축으로 하여 몸통을 천천히 회전시켜 볼을 때
리도록 해야 한다. 빠른 템포는 몸의 균을 잃게 하여 토핑이나 더
핑을 유발시킬 수 있다. 이 상황의 볼의 결과는 왼쪽으로 휘는 훅
볼이 발생하기 때문에 목표의 오른쪽을 겨냥하여 샷을 해야 한다.

4) 볼이 발보다 낮을 때

① 스탠스를 넓게 하고 볼을 그 중간에 위치시킨다.

② 클럽을 약간 길게 잡는다.

③ 체중을 뒤꿈치에 두고 무릎 밑의 하체를 부드럽게 갖는다.

④ 평상시보다 약간 긴 클럽으로 3/4스윙을 한다.

⑤ 페이드(fade)나 슬라이스(slice)가 야기되므로 목표의 왼쪽을 겨냥한다.

평상시보다 스탠스를 넓게 하여 자세의 안정을 유지한다. 스윙 중에는 자신도 모르게 몸을 위로 들어 올리는 경우가 빈번하기 때문에 클럽을 평지보다 크게 잡는다. 체중은 뒤꿈치에 두어서 볼과 머리의 거리가 좁혀지지 않도록 해야 한다. 이 상황에서는 풀스윙(full swing)을 하는 것은 무리이기 때문에 평상시보다 긴 클럽으로 3/4스윙을 하는 것이 바람직하다. 이 경우는 거의 모든 볼이 우측으로 휘는 경향이 있으니 목표의 좌측을 겨냥하는 것이 좋다.

5. 워터해저드가 앞을 가로막고 있을 때

① 볼을 워터해저드에 처 넣는다고 생각한다.
② 팔로우스윙과 피니시 중 몸을 회전만 시키고 위로 들지 않는다.
③ 볼이 헤드에 맞는 순간을 보려고 노력한다.

④ 결과를 일찍 확인하려 하지 않는다.

⑤ 바람의 세기를 고려하여 거리에 모자라지 않게 클럽을 선택한다.

워터해저드(water hazard)가 가로막고 있는 상황은 초보자들에게 두려움을 준다. 그러나 상급자는 특별한 경우가 아니라면 두려워하지 않는다. 워터해저드를 건너자마자 바로 그린이 조성된 경우와 그렇지 않은 경우가 있는데, 전자의 경우는 상급자도 어려워하는 상황이고 후자의 경우는 초보자도 워터해저드만 넘기면 되므로 별로 어렵지 않다. 더구나 그린의 앞뒤의 폭이 좁으면서 중앙보다 낮은, 즉 중앙이 볼록한 그린(일명 포대그린)이라면 그 어려움은 더욱 커진다. 클럽을 짧게 잡으면 볼이 그린에 못 미칠 수도 있고 길게 잡으면 그린을 지나칠 수 있으므로 정확한 클럽선택이 요구된다.

주의해야 할 또 다른 조건은 바람이다. 워터해저드는 대체로 계곡이나 개활지에 있으므로 다른 지역보다 바람이 많다. 바람의 방향이나 세기를 세심하게 고려하지 않으면 아무리 상급자라 할지라도 실수를 범하기 쉽다. 특히 맞바람의 경우 느낌보다 바람의 세기가 큰 경우가 많으므로 클럽을 넉넉히 잡고 부드럽게 스윙하는 것이 좋다.

초보자들이 워터해저드 앞에서 실수하는 것은 대체로 해저드를 넘기려는 생각에 원인이 있다. 해저드를 넘기려는 생각은 스윙동작도 동시에 위로 들어 올리게 되므로 토핑을 내거나 뒤땅을 치기 쉽다. 특히 왼발 내리막 경사에서는 더욱 어려움을 느낄 것이다. 아무튼 초급자의 실수는 상체를 위로 들어 올리는 것이 가장 흔한 원인이므로 반대로 "볼을 워터 해저드 안으로 쳐 넣는다."는 생각으로 하향스윙을 하면 어렵지 않게 해저드를 넘길 수 있다.

6. 나무가 앞을 가리고 있을 때

① 나무를 넘길 것인지 우회할 것인지 선택한다.
② 안전하게 나무를 넘길 수 있는 클럽을 선택한다(넘길 시).
③ 나무를 넘길 때는 어드레스에서 볼은 왼발 쪽에 놓고 우측 어깨를 조금 낮춘다.
④ 백스윙 시 양 겨드랑이를 조여서 뒤땅치기나 토핑의 실수에 대비한다.
⑤ 나무를 우회 시 한 타를 잃을 생각을 한다.
⑥ 나무를 우회 시 드로우나 페이드가 가능한지 확인한다.
⑦ 절대 무리한 전략을 세우지 않는다.

나무를 넘길 수 있을지 여부를 알려면 클럽의 그립 쪽이 나무 방향을 향해 땅에 놓고 클럽헤드를 발로 밟아서 그립이 나무 위를 향하면 그나무를 넘길 수 있다.

〈그림19〉 클럽헤드를 발로 밟아서 탄도를 예측

나무가 가려진 상황에서 나무와 볼과의 거리가 멀 경우는 나무의 키를 넘기거나 우회하는 방법이 있다. 나무를 넘기기 위해서는 목표까지의 거리와 클럽의 탄도를 고려하여야 한다. 나무를 충분히 넘길 수 있는 거리에 목표가 있다면 문제가 없겠지만 나무가 너무 크거나 볼이 나무에 비교적 가까워서 나무에 걸릴 위험이 있으면 목표의 위치를 좀 앞당길 수밖에 없다. 이 경우는 안전하게 나무를 넘기는 것이 중요하다. 대체로 나무를 넘기는 것은 나무의 키 정도의 공간만 있으면 가능하다. 나무를 넘길 수 있는 클럽을 선택할 때의 방법으로 클럽을 바닥에 놓고 헤드부분을 발로 밟아서 샤프트가 가리키는 방향이 나무 위보다 높으면 나무를 넘기는 것이 가능하다. 나무를 넘기기에는 문제가 없으나 넘겨 보았자 별 이익이 없다고 판단되면 어렵게 플레이를 진행할 필요가 없다. 이럴 때는 우회하여 안전하게 플레이를 진행해야 할 것이다.

나무를 충분히 넘길 수 있는 클럽을 선택하여 스탠스는 열고 볼을 스탠스의 중앙이나 약간 왼발 쪽에 위치시킨다. 그립도 몸의 중앙 부위에 위치시킨다. 그리고 체중도 오른쪽에 많이 놓고 스윙을 한다. 이 방법은 숙련되지 않은 플레이어는 더핑이나 토핑을 낼 위험이 있다. 볼을 나무 위로 넘길 수 없는 상황에서는 드로우나 페이드로 나무를 우회시키거나 아니면 한 타를 더 칠 계획을 세워야 한다. 이러한 구질의 볼을 구사하려면 안정된 스윙이 몸에 배어야 한다. 드로우는 클럽헤드로 목표를 향하고 스퀘어스탠스(square stance)*에서 오른발을 뒤로 약간 뺀 스탠스를 취하고 스윙을 하면

---

* 목표선과 스탠스선을 나란히 한 스탠스

볼은 목표보다 우측으로 나가다가 곡선을 그리면서 목표를 향해서 들어간다. 또 페이드는 반대로 스퀘어스탠스에서 왼발을 약간 뺀 스탠스를 취하고 스윙을 하면 드로우 볼과는 반대로 돌아서 목표로 접근한다.

나무 밑에 볼이 놓였을 경우는 나무의 가지가 늘어져 있어서 거리에 맞는 탄도의 샷을 구사할 수 없을 경우는 로프트가 작은 클럽을 짧게 잡고 볼의 구름을 고려한 샷을 고려해볼만하다. 연습스윙 중에 클럽에 나뭇가지가 부러지면 벌타가 부과되므로 주의해야 한다. 또 나무줄기에 볼이 거의 붙어서 목표방향으로 정상적인 스윙을 할 수 없을 경우, 클럽을 뒤집어 잡고 클럽의 토우(클럽헤드의 끝)가 지면을 향하게 하여 반대로 스윙을 해서 볼을 안전지역으로 탈출시키는 방법도 고려해볼만하다. 이런 상황에서는 아쉬워하지 말고 한 타 더 칠 계획을 세우는 것이 현명하다.

안전하게 나무를 넘기거나 우회시키기에 위험한 상황이거나 자신이 없을 경우 레이업(layup)*을 하는 것이 좋다. 잘못한 샷에 대한 대가를 치른다는 마음을 가지면 마음이 편하다.

---

* 공을 안전한 곳으로 보내기

7. 바람

① 바람과 싸우려고 하지 않는다.
② 깃발이 날리는 것으로 풍향을 판단한다.
③ 잔디를 뜯어서 날려 바람의 세기를 판단한다.
④ 볼의 힘이 떨어졌을 때 바람의 영향을 많이 받는 것을 고려한다.
⑤ 볼을 바람에 태운다고 생각한다.
⑥ 스윙이 빨라지지 않게 주의한다.

1) 맞바람

① 티샷 시 보통보다 낮게 티를 꽂는다.
② 볼을 스탠스의 중앙에서 약간 왼쪽에 놓는다.
③ 볼을 강하게 때리려고 하지 않는다.
④ 피니시를 낮게 한다.

2) 뒤바람

① 티샷 시 평상시보다 티를 높게 꽂는다.
② 볼을 스탠스의 앞쪽 왼발 뒤꿈치에 맞춘다.
③ 평상시와 마찬가지로 스윙을 한다.

④ 바람의 세기를 고려하여 클럽을 짧게 잡는다.

라운드 경험이 많지 않은 플레이어들은 바람을 고려치 않고 깃대만 보고 샷을 하는 경우가 많은데 이것은 아마도 바람의 세기를 가늠할 수 없기도 하고 어쩌다가 라운드를 하게 되면 바람이라는 변수까지 고려하기가 쉽지 않기 때문일 것이다. 바람이 있음에도 불구하고 바람의 방향이나 세기를 고려하지 않고 깃대를 향하여 샷을 날린다는 것은 바람과 싸우려는 것과 마찬가지다. 바람을 대하는 플레이어에게 "바람과 싸우려 하지 말라."는 말이 있다. 다시 말해서 바람을 이용해야지 바람에 대항하지 말라는 말이다. 옆에서 부는 바람의 경우 목표를 가상의 목표로 샷을 하여 볼이 바람을 타고 휘어져서 희망한 목표에 도달할 수 있도록 해야 한다. 또 맞바람에서는 한두 클럽 상위의 클럽을 선택해야 한다. 바람이 없을 때 사용하던 클럽으로 더 세게 샷을 하는 것은 좋은 방법이 아니다. 맞바람의 경우 잔디를 뜯어서 바람에 날렸을 때 잔디가 거의 수평으로 날리면 두 클럽을 올려 선택하고 약45% 각도로 날리면 한 클럽을 올려 선택한다. 물론 개인차가 있어서 약간의 차이는 있겠지만 적용해 보고 클럽을 선택하기 바란다. 아니면 백스윙의 크기로 거리를 맞출 수도 있을 것이다. 평소 어떤 클럽의 1/3스윙이나 1/2스윙의 거리라면 풀스윙으로 바람에 대응할 수 있을 것이다. 뒤에서 부는 바람의 경우는 평상시 클럽으로 1/3 스윙처럼 약하게 샷하는 것보다 1클럽 아래의 클럽으로 볼을 바람에 태워 보내는 것이 좋다.

바람 방향에 역행해서 드로우나 페이드를 치려는 경우 이 기술이 잘 이루어지지 않을 수 있음을 알아야 한다. 필요 시 이 바람을 이용해서 쉽게 드로우볼(draw ball)이나 페이드볼(fade ball)을 치는 전략을 세울 수도 있을 것이다.

바람이 측면이나 맞바람일 경우 우선 볼을 낮게 칠 전략을 가져야 한다. 맞바람일 경우에 평상시와 같이 볼을 치면 볼이 하늘 높이 솟았다가 뚝 떨어지는 현상이 발생하므로 거리 손해가 크다. 또 측면 바람 때는 볼이 비행 초기에는 똑바로 가다가도 볼의 힘이 떨어짐에 따라 바람에 밀려서 원하지 않은 방향으로 날아가게 되기 때문에 지면에서 가까운 낮은 볼을 치면 바람의 영향을 덜 받게 된다. 당연한 말이겠지만 바람에 볼이 밀릴 것을 예상하여 바람 부는 쪽으로 볼을 쳐야 한다.

드라이버는 티(tee)를 꽂기 때문에 볼의 탄도가 높아져서 볼이 바람 때문에 전진하지 못하게 되므로 티는 평상시보다 낮게 꽂는다. 심하지 않은 맞바람에서는 티를 지나치게 낮게 꽂으면 오히려 비거리에서 손해를 보는 경우도 있으므로 맞바람이 약할 때에는 평상시처럼 티를 꽂는 것이 유리하다. 평상시에는 볼의 위치가 왼발 뒤꿈치에 마주하는 곳이었다면 이것보다는 조금 더 스탠스의 중앙 쪽으로 이동시켜 중앙 바로 왼쪽에 놓는다. 평상시에는 상향타격(upper blow)이지만 이때는 쓸어 치거나 하향타격(down blow)의 샷이 된다. 볼의 구질은 오른쪽으로 휘는 볼이 되기 쉬우므로 약간 왼쪽을 겨냥하는 것이 안전하다.

아이언도 기본적인 요령은 드라이버와 별로 다르지 않은 개념이다. 가급적 긴 클럽으로 평소와 동일한 리듬으로 스윙을 해야 한다. 측면 바람에서는 바람의 세기를 고려하여 바람 부는 방향으로 목표를 조준하고 나머지는 바람에 태워서 보낸다는 마음으로 세팅(setting)을 해야 한다.

절대 바람과 싸워서 이기려고 하지 말아야 한다. 바람을 이기려고 하면 팔과 어깨가 경직되어 실수를 범하기 쉬울 뿐 아니라 강하게 맞은 볼은 회전수가 높아져서 바람의 저항을 더 많이 받게 되므로 볼은 오히려 생각보다 짧거나 더 많이 휘게 된다. 항상 느끼는 것이지만 자연에 거역하는 것보다는 순응하면서 자연을 이용하는 것이 효과적이다. 타격된 볼의 방향을 알기 위해서 가끔 연습장에서 티의 높이를 낮게 하고 스탠스의 안쪽에 볼을 위치시켜서 타격하여 세팅에 따라 볼의 구질이 어떻게 변하는지 확인해볼 필요가 있다. 백스윙은 3/4 정도 하고 피니시도 높지 않아야 볼이 높이 뜨지 않는다.

뒤에서 불어오는 바람의 경우는 평상시와 같이 쳐도 무방하나 드라이버의 경우 좀 더 거리를 내기 위해서는 맞바람 때와는 반대로 티도 높게 꽂고 볼도 스탠스의 왼쪽 왼발뒤꿈치에 맞춘다. 충분한 백스윙과 팔로우스윙으로 볼이 지면에서 높이 뜨도록 하여 볼을 바람에 날려야 비거리가 커지게 된다. 어드레스 시 오른쪽 어깨를 평소보다 약간 더 낮추고 스윙을 하면 볼이 쉽게 높이 뜬다.

8. 비가 오는 날

① 번개가 예상될 때는 경기를 하지 않는다.
② 그립과 손에 물기가 없도록 한다.
③ 샷을 한 다음에는 헤드커버를 씌우고 샷할 때마다 그립을 수건으로 닦는다.
④ 장갑을 여러 개 준비해서 자주 갈아 낀다.
⑤ 스탠스를 약간 넓게 하고 왼발뒤꿈치를 고정시킨다.

비가 많이 오면 게임을 할 수 없지만 적은 비의 경우는 게임을 하게 된다. 그러나 아무리 비의 양이 적을지라도 게임을 할 수 없는 경우가 있는데, 이때는 바로 번개가 칠 때이다. 천둥이 치는 날씨는 번개를 당연히 동반하기 때문에 주의하여야 한다. 광활한 골프코스에서 골퍼들이 우뚝하게 높이 서있는 격이 되어서 벼락의 표적이 될 수 있다. 번개가 칠 때는 절대로 골프를 하지 않아야 한다. 천둥번개를 동반해서 비가 올 때 자칫하면 큰 나무 밑에서 비를 피하기 쉬운데, 절대로 큰 나무 밑으로 들어가서는 안 된다. 물은 전기를 잘 통하기 때문에 물에 젖은 큰 나무는 다른 어떤 것보다도 번개의 목표물이 된다. 전동차를 타고 게임을 하고 있는 중에 번개가 치면 차에서 내리지 말고 그대로 앉아 있는 것이 좋다. 번개로 인한 전류는 차 외부에 묻은 수분과 차체의 금속성을 타고 신속히 지면으로 흡수되기 때문이다.

그립은 가능하면 비에 젖지 않게 하고 손도 수건으로 자주 닦아서 그립이 미끄럽지 않게 해야 한다. 장갑은 젖었을 때 갈아낄 수 있도록 여러 개 준비하는 것도 잊지 말아야 한다. 또 양피 장갑보다는 합피 장갑이 덜 미끄럽다. 얇은 면장갑을 골프백에 넣고 다니다가 비가 오면 이것을 끼고 플레이를 해보기 바란다. 도움이 될 것이다.

비가 오는 날에는 지면이 부드러워 하체의 안정을 잃을 수 있으므로 평상시보다 스탠스를 약간 더 넓히는 것이 좋다. 비는 날아가는 볼에도 저항이 되어 평소 맑은 날보다 거리가 덜 나간다. 또 페어웨이도 수분 때문에 볼이 구르는 것을 방해한다. 따라서 비의 양이나 젖은 잔디의 상태에 따라 클럽 선택도 달리해야 한다.

9. 바로 다음 샷을 위해 고려해야 할 점

① 홀의 전장(길이)을 고려한다.
② 안전한 클럽을 선택한다.
③ 온 그린(on green) 때 가장 자신 있는 거리를 남긴다.
④ 위험한 곳은 철저히 피한다.
⑤ 파온이 불가능하다면 안전한 클럽을 선택한다.
⑥ 환경과 싸우려 들지 않는다.

골프는 첫 번째 샷에서부터 거리를 고려해야 한다. 대부분의 아마추어들은 첫 샷은 무조건 드라이버를 잡는 경향이 있는데 페어웨이가 좁거나 아니면 코스의 전체 길이가 짧아서 파온(par on)을 시키는데 문제가 없다면 드라이버를 선택해서 위험 부담을 안고 샷을 할 이유가 없다. 페어웨이가 좁지 않더라도 그곳은 다음 샷을 하기 좋은 위치와 나쁜 위치가 분명히 존재하고 있으므로 위험을 감수하고 볼을 멀리 보낼만한 가치가 충분치 않으면 그 클럽 선택을 포기해야 한다. 골프 게임을 많이 경험한 플레이어들은 티샷 이후에 남은 거리가 약간 멀더라도 볼이 놓인 상태와 스탠스의 면이 좋은 것이 더 유리하다는 것을 많이 경험했을 것이다.

많은 골퍼들이 남은 거리에 따라 자신의 능력은 고려치 않고 거리에 맞는 클럽을 무조건 선택하는 경우가 많다. 실제 라운드 상황은 연습장에서보다 훨씬 어렵기 때문에 연습장에서 약간 불안하였던 클럽의 선택은 자제하고 더 많이 연습하여 익숙해졌을 때 사용하는 것이 좋은 점수를 만드는 요령이다. 골프는 몇 개 홀에 의해서 전체 점수가 나빠지는 경우가 아주 많기 때문이다.

10. 기초적인 코스전략

① 티박스에서 위험한 쪽으로 치우쳐서 티오프(tee off)를 한다.
② 전체적인 지형을 살펴서 티박스의 경사를 확인한다.
③ 그린 공략 시 깃대가 크게 보이면 그린의 중앙을 겨냥한다.
④ 최종 퍼트를 오르막으로 남겨 놓는다.
⑤ 어중간한 거리는 긴 클럽을 선택하여 1/2인치 짧게 잡는다.
⑥ 티 플레이는 5야드(yds) 정도 더 나갈 수 있다.

⑦ 해저드 방향은 무조건 피한다.

⑧ 가로막고 있는 해저드에서는 볼을 해저드에 빠뜨린다는 생각으로 하향타격을 한다.

⑨ 능선과 계곡의 방향을 고려한다.

⑩ 그린 주위의 전체적인 지형을 참고한다.

⑪ 위험지역은 피한다는 생각을 갖는다.

티박스에서 티샷을 할 때 초보자뿐만 아니라 골퍼라면 누구든지 불안감을 느낀다. 슬라이스가 많이 나는 초보자의 경우는 티오프(tee off)을 할 때 슬라이스가 나는 방향을 피하게 된다. 위험을 피해서 안전하게 페어웨이를 넓게 확보하고자 함이겠으나 이것은 잘못된 생각이다. 슬라이스볼이 가는 반대쪽에서 티오프을 하면 더욱 더 슬라이스가 나게 된다. 티박스에서 티오프을 할 때는 위험한 쪽에 치우친 곳에서 티오프를 해야 위험에 빠지지 않을 확률이 높다. 왜냐하면 절대 위험한 쪽을 향해서 스윙을 하지 않기 때문이다. 따라서 슬라이스를 잘 내는 골퍼는 슬라이스를 내는 쪽에서 티오프를 하는 전략을 세우는 것이 좋다. 숙련된 골퍼라도 O.B.지역(out of bound)이나 계곡 쪽에 위험을 느낀다면 그 쪽에서 티오프을 하는 것이 위험을 줄일 수 있는 전략이다.

우리나라 코스는 대개 산악지형이므로 계곡과 능선을 따라서 코스가 만들어진 것이 대부분이기 때문에 우리가 보기에는 평지로 보이는 티박스(tee box)도 경사가 있다. 대체로 능선 쪽은 높고 계곡 쪽은 낮다. 능선을 등지고 샷을 할 경우 슬라이스를 낼 가능성이 많으므로 주의해야 한다. 마찬가지로 계곡을 등지고 샷을 하게 되면 훅이 나게 될 가능성이 높다. 볼의 위치가 발보다 낮으면 슬라이스가 나며, 발보다 높으면 훅이 나기 때문이다.

그린의 깃대가 커 보이면 그린이 작은 것이므로 핀을 공략하지 말고 그린의 중앙을 겨냥하는 것이 현명하다. 그린의 중앙에 올라간 볼은 거의 모두 2퍼팅으로 마무리 할 수 있지만 그린에 오르지 못한 볼로 핀에 붙여서 1퍼팅으로 마무리하기란 쉽지 않다. 퍼팅을 할 때는 가급적 오르막 퍼팅을 할 수 있도록 하는 것이 좋다.

어프로치로 핀(pin)을 공략할 때 그린의 높은 면을 고려해서 핀에서 높은 쪽에 볼을 떨어뜨려 굴려서 핀에 접근시키는 전략이 바람직하다. 그러나 첫 번째 퍼팅을 고려해서 지나치게 핀에서 멀지 않아야 한다. 오르막 경사에서는 볼의 구름의 차가 크지 않으나 내리막 경사에서는 약간의 힘의 차이에서도 거리의 편차가 크기 때문에 자칫하면 3퍼트를 범하기 쉽다.

아이언은 약 10야드(yds)씩 거리 차이가 나게 만들어져 있는데, 볼이 딱 맞는 위치에 있어서 클럽을 선택하기가 모호할 때가 있다. 이때는 상위의 클럽을 선택하여 1인치 짧게 잡으면 5야드의 거리

차에도 적용할 수 있다. 두 개의 클럽 중 선택이 어중간할 때는 항상 큰 클럽을 선택하는 것이 좋다.

해저드는 무조건 피하는 것이 좋다. 볼을 해저드에 빠뜨렸을 때 그 다음의 상황을 예측하기가 어렵다. 벙커에서는 앞쪽에 높은 턱으로 가로 막혀 있을 수도 있고 볼이 모래에 깊이 박힐 수도 있다. 아니면 볼의 바로 뒤에 높은 벙커 턱 때문에 백스윙이 안될 수도 있다. 워터해저드는 볼을 빠뜨렸을 경우 1타의 벌타를 감수할 수밖에 없으니 당연히 피하지 않으면 안 되는 지역이다.

최종 그린을 공략하는 샷일 때 자신의 볼이 언덕 밑에 놓여서 그린은 고사하고 핀까지도 보이지 않을 경우가 있다. 이럴 때에는 언덕 위에서 볼과 그린을 연결하는 선상에 풀이나 나무를 목표로 삼는다. 상황이 여의치 않으면 그린 뒤의 나무나 바위 같은 것을 목표로 삼는다. 코스가 평지여서 그린 뒤에도 목표로 삼을 만한 것이 없으면 하늘 위로 흘러가는 구름을 기준으로 삼는 것도 좋다. 그것조차 여의치 않으면 캐디로 하여금 목표선상에 잠깐 서 있다가 비키게 한 다음 샷을 하면 된다.

능숙하지 않은 플레이어는 해저드를 피한 방향으로 어드레스를 하기 쉬운데, 이럴 경우 반대로 볼이 가는 경우가 많다. 스탠스와 어깨가 이루는 각도가 열려서 임팩트 시 볼을 깎아 치거나 반대로 각도가 좁아져서 볼을 감아 치기 쉽다. 클럽 페이스는 희망한 지역을 향하게 하고 스탠스는 해저드 방향으로 향하면 볼은 해저드 방향으로 가지 않는다.

퍼팅은 그린에 올라가서만 하는 기술인줄 아는 골퍼들이 많으나 사실은 그린에 도달하기도 전부터 그린의 전체적인 경사를 읽으면서 그린에 접근한다. 그린은 대체로 능선 쪽이 높고 계곡 쪽이 낮다. 잔디의 방향은 석양이 비취는 쪽으로 향하고 있다. 그린 주위에 워터해저드가 있다면 그 방향으로 향하고 있는 것이 보통이다. 햇빛이 비치는 날 잔디의 색깔이 엷고 윤기가 나면 순결이고 진하고 거칠면 역결(반대 결)이다. 순결은 많이 구르며 거리의 편차도 크다. 역결은 그반대이다.

그린에 올라서서 전체적인 그린의 기울기를 판단하였으면 그린 위 높은 곳(mound)을 찾는다. 전체적인 그린의 기울기에도 불구하고 마운드에 따라 볼의 구름이 영향을 받을 수밖에 없기 때문이다. 이러한 그린의 기울기, 잔디의 결 등을 고려하여 겨냥 지점을 정한다. 다시 말해 홀에는 문이 있는데 이 문은 정면에만 있는 것이 아니고 그린의 조건에 따라 문의 위치가 바뀐다고 생각한다. 어떤 플레이어들은 퍼팅라인(putting line)을 실처럼 가는 선으로 보는데 사실은 볼 2,3개가 동시에 굴러가도 들어 갈만한 넓은 라인이다. 따라서 어드레스에서 너무 긴장하지 말고 마음의 평정심을 잃지 말고 자신이 읽은 라인대로 볼을 굴려만 주면 성공 확률이 높다.

Chapter 05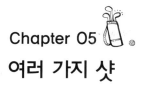
여러 가지 샷

1. 거리 내기

① 스트롱 그립(strong grip)을 한다.

② 보폭을 넓게 벌린다.

③ 백스윙을 크게 한다.

④ 몸의 밸런스를 유지한다.

⑤ 자신의 최대 스피이드의 80% 이상을 넘기지 않는다.

볼을 멀리 날리기 위해서는 클럽헤드의 스윙스피드(swing speed)
가 빨라야 하는데 스윙스피드를 빠르게 하는 절대적인 비결은 없
다. 팔을 빠르게 휘두르면 스윙스피드가 빨라질 것 같이 생각될 것

이다. 그러나 결과는 그렇지 않다. 스윙스피드는 신체의 각 부분이 필요한 만큼씩 적당히 움직여져서 만들어진다. 스윙스피드를 위해서 신체의 어떤 한 부분을 강하게 또는 빠르게 움직인다면 몸의 밸런스를 잃게 되어 볼을 스위트스팟(sweet spot)에 정확히 맞추지 못해서 결국은 스윙 스피드를 잃게 된다. 볼을 멀리 보내기 위해서는 높은 스윙 스피드뿐만 아니라 정확히 스위트스팟에 볼을 접촉시켜야 한다. 어떤 실험에서는 드라이버의 경우 스위트 스팟의 중심부에서 5mm 벗어날 때마다 15야드씩 거리가 줄어들었다고 한다.

스윙스피드와 볼의 거리에 관해서 적정 스윙스피드는 자신의 최대 스윙스피이드의 65%라고 한다. 대부분의 프로골퍼들의 스윙스피드는 자신의 최대 스윙스피드의 65-80%의 스피드로 스윙을 한다. 또 보폭을 넓게 하면 체중이동이 커지고 스윙궤도(swing arc)도 커진다. 커진 스윙궤도는 원심력을 크게 해서 클럽헤드의 스윙속도를 크게 한다. 또 발사각도가 커져서 볼은 높은 탄도를 그리기 때문에 멀리 날아간다. 보폭이 어느 정도 커졌기 때문에 머리를 적당히 움직이지 않으면 스윙이 원활히 이루어지지 않을 수도 있다. 드라이버 스윙의 경우 머리를 어느 정도 움직이는 동작이 스윙에 도움이 되기도 한다. 그러나 머리의 움직임은 몸의 축을 잃게 하여 일정한 궤도로 스윙하기 어렵게 만들 수도 있으므로 주의해야 한다. 원심력을 잃게 되어 궤도를 잃은 스윙이 되기 쉽다. 어깨를 충분히 돌려야 허리의 꼬임이 커져서 에너지가 축적되어 빠른 스피드를 낼 수 있다. 여기서 나오는 힘은 상체와 하체의 꼬임의 차에서 나오는 것이다. 이때에 가장 중요한 근육은 등근육(back muscle)이다.

나이가 많은 노인들은 줄어든 거리의 보완을 위해서 사력을 다해서 클럽을 휘두르는 경우가 있는데 이것은 잘못된 방법이다. 노인의 경우는 등근육이 약하므로 몸의 꼬임이 약하다. 따라서 어깨를 충분히 꼬았을지라도 충분한 거리가 나지 않을 수 있다. 우리 몸에는 거리를 낼 수 있는 부위가 등근육 외에 관절이 있다. 이러한 관절들을 적절히 이용하면 거리에 도움이 될 수 있다. 특히 손목과 팔꿈치 관절을 이용해도 많은 도움이 된다. 노인의 경우는 백스윙 시 어깨를 충분히 돌리고 팔꿈치를 편한 만큼 구부리고 손목도 구부렸다가 임팩트 때 펴 줌으로써 거리를 낼 수 있다. 이러한 방법으로 업라이트스윙(upright swing)을 하는 것도 고려해봄 직하다. 이 형태의 스윙은 지구의 중력이 작용하는 방향으로의 스윙이기 때문에 적은 힘으로 큰 힘을 얻는 데 유용하다. 체형과 본인의 스윙성향에 따라서 다르겠지만 플랫스윙(flat swing)은 등근육을 많이 사용하게 되므로 청장년들에게 권할 만하다. 또 스트롱그립은 탄도도 비교적 낮고 볼이 떨어진 다음 많이 구르기 때문에 거리를 낼 수 있는 그립 법이므로 노인에게 추천할만하다.

여담인지 모르겠지만 골프샵을 하는 모사장의 말을 빌자면 한여

름에는 드라이버를 교체하려는 손님들이 많고 봄에서 초여름까지는 아이언을 교체하려는 손님들이 많다고 한다. 내 생각에는 여름철에는 페어웨이에 잔디가 길어져서 볼이 잘 구르지 않기 때문에 거리가 덜 나가고 봄철에는 잔디도 마르고 지면도 딱딱해서 볼이 많이 구르기 때문에 거리가 나간다. 또 봄에는 겨울 동안 상처 입은 페어웨이서 아이언으로 그린을 공략하니 좋은 결과가 나올 수 없다. 잘 안되는 경우에 대해 이러한 환경은 생각하지 않고 클럽 탓으로 돌리기 때문인 것으로 생각된다.

2. 티 위의 볼을 타격하기

① 볼을 티에 올려놓고 치면 평상시보다 더 많이 나간다.
② 약 5야드 정도 덜 나가는 클럽을 잡는다.
③ 심한 내리막이 아니면 2클럽 이상 낮춰 잡지는 않는다.
④ 그린의 크기를 판단하는 기준은 깃대(pin)을 기준으로 하여 판단한다. 즉 깃대가 커 보이면 그린이 작은 것이다.
⑤ 아이언의 경우 클럽헤드의 리딩에지(leading edge)로 티를 끊듯이 가격한다.

⑥ 목표에 어드레스한후 티(tee)위의 볼에만 집중한다.

⑦ 드라이버는 볼을 왼발 뒤꿈치에 맞춰 스탠스를 어깨 넓이만큼 벌린다.

⑧ 아이언은 왼발 뒤꿈치에서 스탠스의 중앙까지 상황에 맞춰 볼을 위치시킨다.

⑨ 아이언의 경우, 스탠스는 겨드랑이 넓이 이하로 한다.

볼을 티펙(tee peck) 위에 올려놓고 치면 맨바닥에서보다 훨씬 유리하다. 볼을 정확히 때리기 쉬울 뿐만 아니라 볼도 멀리 날아간다. 간혹 티를 사용하지 않는 골퍼들도 있으나 만용을 부리는 것에 지나지 않다. 세계적인 프로들도 거의 모두가 티를 꽂고 볼을 치는데, 아마추어가 그냥 드롭된 상태로 볼을 치는 행위는 좀 겸손해 보이지는 않는 것 같다.

특히 파3 홀에서 그린을 보았을 때 깃대가 커보이면 그린이 작은 것이므로 그린공략에 특별히 신경을 써야 한다. 깃대가 그린의 중간에 꽂혀 있을 때를 제외하곤 핀을 직접 겨냥하는 것은 위험할 수도 있다. 때에 따라 그린의 중앙을 겨냥하는 것이 현명할 수도 있다. 홀이 어디에 있던지 그린의 중앙에서는 2퍼트로 홀 아웃(hole out) 이 가능하기 때문이다.

아이언 샷을 연습할 때 티펙(tee peck)에 볼을 올려놓고 하향 타격하는 연습을 하라는 말도 있다. 티에 올린 볼을 칠 때 대부분은 걸어 올리는 스윙을 하기 쉽다. 그러니 티에 올려진 볼을 아래로 내려 칠 수만 있다면 바닥에 놓인 볼을 하향 타격하는 것은 식은 죽 먹기나 마찬가지일 것이기 때문이다.

티펙에 올린 볼이라 해서 걸어 올려 치는 느낌으로 치지 말아야 한다. 아이언의 경우 티 펙을 리딩에지로 끊는다는 느낌으로 해야 한다. 각각의 클럽에 적합한 어드레스를 했으면 페어웨이에서와 다름없이 스윙을 하면 된다. 볼의 결과는 어드레스로 만들어지는 것이지 동작으로 만들어지는 것이 아니다. 앞에서 설명했듯이 드라이버처럼 긴 클럽은 클럽헤드가 스윙아크의 최저점을 통과한 후 상향하면서 임팩트가 이루어지는 스윙을 만들기 위해서는 볼을 왼발 쪽에 치우치게 위치시키고, 보폭은 어깨 넓이만큼 넓게 벌리고, 그립의 위치는 거의 배꼽 밑에 놓고, 체중도 오른발 쪽에 조금 더 많이 배분하고, 스윙을 하면 저절로 상향 스윙이 되어 드라이버에 적합한 스윙이 된다.

짧은 아이언의 경우는 볼을 스탠스의 중앙(상황에 따라 우측 발)에 놓고, 보폭도 좁히고, 그립도 핸드퍼스트를 취하고, 체중도 왼발에 더 많이 배분한 다음 보통 때와 똑같이 스윙하면 된다.

3. 프린지 샷

1) 초보자

① 5번 아이언부터 웨지까지의 클럽으로 퍼팅 그립으로 퍼팅하
듯이 한다.

② 볼은 스탠스의 뒤쪽에 놓고 그립을 조금 짧게 잡는다.

③ 클럽의 샤프트를 수직으로 세우고 클럽의 힐(heel)을 약간 들
어 올린다.

④ 손목이 아니라 팔과 어깨로 컨트롤 스윙을 한다.

⑤ 홀까지의 거리의 1/3은 공중에 그리고 2/3는 구르도록 한다.

⑥ 오른발(오른손잡이)로 목표의 왼쪽을 겨냥한다(힐 부분을 들었기
때문에).

2) 중, 상급자

① 클럽과 자세에 구애 받지 않고 다양한 생각으로 시도한다.

② 샌드웨지 사용 시 오픈스탠스를 하고, 체중은 왼발에, 그립은
몸 중앙에, 클럽헤드는 볼과 지면 사이로 통과시킨다는 느낌
으로 시도한다.

우리는 골프 중계에서 프로들이 그린 주위에서 뒤땅을 쳐서 실

수하는 경우를 심심치 않게 본다. 세계적인 프로들도 이러한 실수를 하는데 아마추어들의 실수는 당연하다. 초보자의 프린지샷 (fringe shot)은 그린 주위에서의 실수를 줄일 목적으로 시도되는 기술 중의 하나이다. 아직 그린 주위에서 자신감이 부족한 초보자를 위한 요령 한 가지를 소개하겠다.

스윙이 견고하지 못한 초,중급자들에게는 유용하게 사용될 수 있는 기술이다. 특히 그린 주위가 거친 러프(lough)라면 더욱 이 기술의 진가가 발휘될 수 있다. 일반 스윙일 경우에 거친 잔디로 인하여 클럽헤드가 저항을 받아 제대로 볼을 밀고나가지 못할 수 있다. 그러나 이 프린지샷은 클럽헤드의 힐(heel)을 들고 볼을 치기 때문에 잔디의 저항이 적다. 심지어는 뒤땅을 칠 때조차도 만족스럽지는 못할지는 몰라도 볼을 밀어 낸다.

이 샷을 할 수 있는 클럽은 어떤 클럽이던지 다 할 수 있겠지만, 핸디캡이 아주 낮은 상급자가 아니면 어느 정도 로프트(loft)가 있는 5번 아이언 이하를 선택하는 것을 추천한다. 타이거우즈(Tiger Woods)가 페어웨이우드(fairway wood)로 그린 주위에서 볼을 굴려서 홀에 접근시키는 것을 골프 중계방송에서 본적이 있을 것이다. 이것도 프린지샷의 일종이라고 분류할 수 있다.

그립은 오른손 위주의 그립인 퍼팅 그립으로 클럽을 내려 잡다. 볼의 뒤의 땅을 치는 것을 예방하기 위해서 약간 오른발 쪽에 치우치게 놓는다. 클럽은 수직으로 내려서 클럽헤드의 힐 부분이 살짝 들려서 잔디의 저항을 감소시키도록 한다. 스윙은 손목을 사용하지 않고 퍼팅하듯이 어깨로 거리에 맞게 조절하여 한다. 그린에서 홀까지의 거리에 따라서 볼을 띄우는 거리와 굴리는 거리의 비율이 달라질 수 있다. 그린에서 홀이 가까우면 볼을 굴리는 거리를 띄우는 거리보다 짧게 하고 그린에서 멀면 굴리는 거리를 길게 한다. 그러나 특별한 경우가 아니라면 초보자는 여러 가지 클럽은 모두 숙달시킬 경험이 절대 부족하므로 1/3은 띄우고 2/3는 굴리는 전략을 쓰는 것이 좋을 듯하다. 클럽헤드의 힐(heel)을 들어올렸기 때문에 헤드 면이 약간 열리는 경향이 있으므로 목표의 약간 왼쪽을 겨냥한다.

때때로 프로들이 그린 주위에서 웨지를 가지고 볼을 높이 띄우는 샷을 하는 것을 보았을 것이다. 이것도 프린지샷의 일종이다. 이샷은 볼을 평소보다 왼발 쪽에 위치시키고 그립의 위치도 경우에 따라서 핸드퍼스트를 하지 않는다. 백스윙은 급하게 코킹을 하면서 들어올렸다가 볼과 지면 사이를 통과시킨다. 거리를 맞추기가 매우 어려우므로 연습이 된 경우에나 시도하는 것이 좋다. 로프트가 큰 웨지로 하게 되므로 드리블(dribble)이 되어 벌타가 부가될 수 있으니 조심해야 한다.

이 책을 읽은 것만으로 골프를 아는 것이 아니다.
동작으로 표현할 수 있을 때 골프를 아는 것이다.

참고 문헌

1. James A. Frank 편저, Golf Magazine's Private Lessons, New York: Stephen Greene Press/Pelham Books, 1990

2. Nick Price 저, David Leadbetter's Faults and Fixes, New York: Cooling Brown, Hampton, Middlesex, 1993

3. 코리 페이빈 저, 김동원 역, 『골프 샷 만들기』, 서울: 국일미디어, 1997

4. 김성수, 이영승 공저, 『무의식으로 스윙하라』, 서울: 전원문화사, 2002

5. 사이토 마사시 저, 김숙이 역, 『골프가 내몸을 망친다』, 서울: 샘앤파커스, 2008

6. 김영두 저, 『신이 내린 스포츠 골프 & 섹스』, 서울: 개미, 2008

7. Greg Norman 저, 김원중 역, 『그렉 노먼의 100가지 골프레슨』, 서울: 시공사, 1996

8. 하비 페닉 저, 김원중 역, 『하비페닉의 리틀레드북』, 서울: 시공사, 1993

9. 김장우 저, 『골프 입문에서 싱글까지』, 서울: 글로세움, 2009

10. 김재열 역, 코다마 마츠오 저, 『타이거 우드에게 배우는 승자의 심리학』, 서울: 도서출판물푸레, 2003

11. 내외문학편 저, 『GOLF 고급 베스트골프』, 서울: 내외문학, 1993

12. 도서출판에버그린 편역, Ben · Hogan 저, 『벤호건의 모던골프』, 서울: 도서출판에버그린, 연도미상

13. 도서출판에버그린 편저, 『골프채14개 실전 사용법』, 서울: 도서출판에버그린, 1992

14. 도서출판에버그린 편저, 『기적의 퍼팅』, 서울: 도서출판에버그린, 1992

15. 도서출판에버그린 편저, 『비기너를 위한 일러스트 골프』, 서울: 도서출판에버그린, 1993

16. 박영민 저, 『골프특강』, 서울: ㈜한국뉴턴, 1998

17. 박종업 편저, 『골프를 그역사와 해석』, 서울: 도서출판스윌컨, 2001

18. 로한 · O · 세마 저, 박회송 역, 『연습 없이도 싱글이 될 수 있다』, 서울: 자유시대사, 1996

19. 방민중 저, 『달마가 골프채를 잡은 까닭은?』, 서울: 서해문집, 1998

20. 삼호미디어 편집부 역, I.Takauji 저, 『파워어프로치 & 퍼팅』, 서울: 삼호미디어, 1993

21. 서림편집부 편저, 『고급 테크닉골프』, 서울: 서림문화사, 1993

22. 아오키 이사오 저, 송하철 역, 『골프 전야에 읽는책』, 서울: 도서출판성림, 1993

23. 우승섭 저, 『우승섭 골프특강』, 서울: 명지사, 1987

24. 데이비스 러브 3세 저, 원형중 역, 『인생과 아버지의 사랑을 전해 주는 골프레슨』, 서울: (주)아침나라, 1999

25. 랄프맨박사 & 프레드그레핀 저, 원형중 역, 『Dr.golf Mann』, 서울: 하우투골프(주), 2003

26. 키프푸더보 저, 이원두 역, 『보디스윙』, 서울: (주)고려원미디어, 1994

27. 톰왓슨·닉세이츠 공저, 이일남 역, 『톰왓슨 골프』, 서울: 전원문화사, 1996

28. 일신서적 편역, 『골프 핸드북』, 서울: 일신서적출판사, 1992

29. 임형진 저, 『Three Putt은 없다』, 서울: 도서출판동아, 2004

30. 전태진 편저, 『싱글로 가는길』, 서울: 자유시대사, 1992

31. 고다마 미쯔오 저, 정윤아 역, 『이미지 골프의 비밀 캐기』, 서울: 문화마당, 1999

32. Theodore Prey Jorgensen 저, 조영석 역, 『물리를 알면 골프가 보인다』, 서울: 도서출판한숭, 1998

33. 최영정 저, 『골프는 세상을 바꾼다』, 서울: 삶과꿈, 1998

34. Mike Linder 저, 최의창 역, 『골프가 주는 9가지 삶의 교훈』, 서울: 도서출판(주)대한미디어, 2001

35. 최인섭 편저, 『breaking 100 90 80』, 서울: (주)골프다이제스트, 2008

36. 최혜영 저, 『최혜영의 반대로 하는 골프』, 서울: (주)시공사, 2003

37. 진청파 저, 황인석 역, 『동양인에게 맞는 진청파 모던골프』, 서울: 하서출판사, 1988

38. 황인승 저, 『메거닉 골프』, 서울: 대한교과서주식회사, 1993